进口投入品
与企业出口升级研究
——基于国内产业关联视角

邸鹿峰 著

Import Inputs and
Export Upgrading of Enterprises

Based on the Perspective of Domestic Industrial Linkage

中国财经出版传媒集团
经济科学出版社
Economic Science Press
·北京·

图书在版编目（CIP）数据

进口投入品与企业出口升级研究：基于国内产业关
联视角/邰鹿峰著 . ‑‑北京：经济科学出版社，
2024. 1
ISBN 978 ‑ 7 ‑ 5218 ‑ 5552 ‑ 4

Ⅰ . ①进…　Ⅱ . ①邰…　Ⅲ . ①进出口贸易 ‑ 关系 ‑ 产
业发展 ‑ 研究 ‑ 中国　Ⅳ . ①F752②F269. 2

中国国家版本馆 CIP 数据核字（2024）第 034140 号

责任编辑：杨　洋　赵　岩
责任校对：杨　海
责任印制：范　艳

进口投入品与企业出口升级研究
——基于国内产业关联视角
邰鹿峰　著

经济科学出版社出版、发行　新华书店经销
社址：北京市海淀区阜成路甲 28 号　邮编：100142
总编部电话：010 ‑ 88191217　发行部电话：010 ‑ 88191522
网址：www. esp. com. cn
电子邮箱：esp@ esp. com. cn
天猫网店：经济科学出版社旗舰店
网址：http：//jjkxcbs. tmall. com
北京季蜂印刷有限公司印装
710 × 1000　16 开　13 印张　200000 字
2024 年 1 月第 1 版　2024 年 1 月第 1 次印刷
ISBN 978 ‑ 7 ‑ 5218 ‑ 5552 ‑ 4　定价：90. 00 元
（图书出现印装问题，本社负责调换。电话：010 ‑ 88191545）
（版权所有　侵权必究　打击盗版　举报热线：010 ‑ 88191661
QQ：2242791300　营销中心电话：010 ‑ 88191537
电子邮箱：dbts@ esp. com. cn）

前　　言

随着全球价值链和国内价值链分工的不断深化，商品的生产必须依靠环环相扣的上下游产业链来实现，产业在国际和国内市场上的纵向联系已成为企业获得技术信息和知识的重要渠道。得益于后发优势，发展中国家可以利用进口带动的国际产业关联获得国际技术溢出，进而推动出口升级。2020年中国货物进口贸易的中间品份额已达到76%，但是在中国的大中型企业中大约仅有15%的企业有过直接进口投入品的行为，这是否意味着只有15%的企业受到了进口贸易技术溢出的影响？

一般来说，虽然只有少数的企业会直接进口外国投入品，但是大部分企业都会通过国内产业关联间接接触外国投入品。而之前关于进口投入品的相关研究，大部分只关注于进口投入品对直接进口企业出口升级的影响，忽视了进口投入品通过国内产业关联产生的垂直溢出效应，那么非进口企业能否以及如何利用进口带动出口升级？本书以此为出发点，试图探索进口投入品中内嵌的技术和质量如何通过国内产业链分工体系产生跨行业的溢出效应进而带动上下游企业出口升级，以推动中国外贸在双循环体系下高质量发展。

基于以上背景，本书主要关注以下几个问题：进口投入品的垂直溢出（前向溢出和后向溢出）能否影响企业出口行为？能否促进企业出口产品升级？其影响机制是什么？其中，企业出口行为包括企业出口参与、出口集约边际和广延边际；产品升级又分为质量升级（出口产品质量）和技术升级（出口技术复杂度）。本书试图通过严谨的理论分析和实证研究回答以上问题，全文共八章。第 1 章是绪论，介绍了本书的选题背景、选题意义、主要研究内容，并提出了本书的创新点。第 2 章是理论基础与文献综述，首先对进口投入品及其垂直溢出进行了概念界定，其次回顾了理论基础和相关研究，并进行了简要评述。第 3 章是进口投入品垂直溢出影响企业出口升级的机制分析。分析了进口投入品前向溢出影响企业出口的技术溢出效应、质量提升效应和成本下降效应；以及进口投入品后向溢出影响企业出口的市场竞争效应、逆向学习效应和产业链配套升级效应。第 4 章是数据处理与进口投入品的典型特征事实分析。首先区分了进口企业所属行业和进口产品所属行业的差别，其次介绍了数据处理和指标计算的方法，最后从三个方面统计分析了中国制造业进口投入品及其垂直溢出的典型特征事实。

第 5 章至第 7 章呈现了本书的实证研究。第 5 章是进口投入品垂直溢出对企业出口行为的影响。根据异质性企业贸易理论实证检验了进口投入品垂直溢出对企业出口参与、出口集约边际和广延边际的影响。第 6 章是进口投入品垂直溢出对企业出口产品质量升级的影响。在哈拉克和西瓦达桑（Hallak & Sivadasan，2013）质量决定模型的基础上研究了进口投入品前向溢出和后向溢出对企业出口产品质量的影响，并进一步研究了进口垂直溢出的发生渠道以及质量前沿差距的影响。第 7 章是进口投入品垂直溢出对企业出口产品技术升级的影响。在豪斯曼等（Hausmann et al.，2007）的"成本发现"理论模型基础上研究了进口投入品垂直溢出对企业出口技术复杂度的影响及其溢出渠道。本章进一步研究了制度环境对进口垂直溢出与出口复杂度之间关系的调节效应。第 8 章是结论与展望，归纳了本书的主要结论、政策启示，并指出了本书的研究不足和未来研究方向。

本书最终得出的主要结论有：

（1）对企业出口行为的研究发现，进口投入品的前向溢出和后向溢出均显著提高了企业出口的概率，促进了出口集约边际和出口广延边际的增长。机制研究发现进口投入品的前向溢出和后向溢出通过提高企业生产率促进了企业出口。

（2）对企业出口产品质量升级的研究发现，进口投入品的前向溢出显著促进了企业出口产品质量的提升，而后向溢出对出口产品质量的影响显著为负，且后向溢出的负面作用主要是由一般贸易进口带来的。对溢出渠道的研究发现，上下游行业进口投入品中内嵌技术水平的提高显著促进了企业出口产品质量。上游行业进口投入品的质量提升有利于企业出口产品质量的提升，但下游行业进口投入品的质量提高对企业出口产品质量的影响显著为负。对企业与质量前沿距离的进一步研究表明，进口投入品的前向溢出对与质量前沿距离较近和较远的企业的促进作用没有显著区别。进口投入品的后向溢出对与质量前沿距离较远的企业影响显著为负，但是却可以显著促进与质量前沿距离较近的企业出口产品质量的提高。

（3）对出口产品技术升级的研究表明，进口投入品的前向溢出和后向溢出均显著促进了企业出口技术复杂度的提高。对溢出渠道的研究发现，上下游行业进口投入品中内嵌的技术和质量水平的提高，均可以显著促进企业出口技术复杂度升级。进一步研究发现，国内制度环境的改善会加强进口投入品垂直溢出对企业出口技术复杂度的促进作用。

本书以异质性企业贸易理论为基础，从工业大国国内产业关联的视角出发，为进口投入品通过国内产业关联带动上下游企业出口升级提供了一个较为全面的诠释，不仅在理论层面分析了潜在的作用机制，而且基于大样本微观企业数据提供了经验证据。从某种程度来说，本书研究为理解中国加入 WTO 以来所经历的生产率和出口快速增长现象提供了新的视角，提出了进口—国内产业链—出口升级的贸易高质量发展路径，可以为构建双循环新发展格局提供重要的政策启示。

目　　录

第 1 章　绪　　论

中国参与全球价值链分工的一个重要特征就是以进口带动出口，通过进口外国产品使国内企业接触到先进的技术，促进了国内企业的技术进步和产业升级，并进一步促进了中国的出口升级。然而，对于中国这样一个拥有精细化的产业链分工体系的工业大国而言，进口带动出口的作用并非仅仅局限于直接进口企业内部，进口投入品同样也可以通过国内产业关联产生跨行业溢出效应。本章首先介绍了本书的研究背景，提出了研究的问题、目的和意义；其次介绍了本书的主要研究内容、研究方法和可能的创新点。

1.1　研究背景与问题提出

1.1.1　研究背景

中国自改革开放 40 多年来，通过发展外向型经济，积极融入全球价值链分工，推动了中国的工业化进程，从而获得了"世界工厂"的美誉。在此期间，中国依托廉价劳动力和资源，通过大力发展加工贸易带动了出口贸易的快速增长，同时也获得了发达国家的产业转移和技术溢出。然而，中国制造业出口却面临着"大而不强"的发展困局，对国际上游供应商和国外大型采购商的依赖，使得中国制造企业陷入微利化的"低端锁定"状态。尤其是 2018 年之后，为了遏制中国崛起，美国发起的堪称"正式建交以来双边经贸史上最激烈"的贸易战，使得中国高科技和进出口企业的经营进入"寒冬期"。中国产品的出口之路受阻，以至于东南亚国家将在国际贸易中替代中国的言论也甚嚣尘上。如何破解当前国际贸易发展困局，促进贸易高质量发展，是当前中国亟待研究和解决的重大问题。

为了进一步扩大对外开放和促进贸易高质量发展，2018 年 7 月，国务院办公厅转发商务部等部门《关于扩大进口促进对外贸易平衡发展意见的通知》（国办发〔2018〕53 号）明确提出要"主动扩大进口，促进国内供给体系质量提升，满足人民群众消费升级需求，实现优进优出，促进对外贸易平衡发展"，从进口结构优化、国际市场布局、贸易自由化和便利化等方面提出了全面扩大进口的政策选择。

对于一个发展中国家而言，通过进口带动出口是学术界和业界的共识。进口外国高技术水平的投入品可以带动国内技术和产品升级进而促进企业出口。中国过去通过加工贸易进口外国投入品参与全球价值链分工，获得了较大的技术溢出和出口增长。但是进口外国投入品需要付出额外的固定成本，我国规模以上企业中仅有 15% 的企业有过进口投入品的行为（陈勇兵等，2012），而经济中大量的非进口企业主要通过国内产业关联间接接触外国投入品（Dhyne et al.，2021）。因此，如何有效利用进口投入品，通过国内产业关联带动更多非进口企业的技术升级和出口升级，是在进一步扩大进口背景下需要深入研究的问题。

要推动我国对外贸易的高质量发展，必须依靠国内产业链吸收和消化进口，通过国内产业关联，将进口贸易带来的国际技术溢出向产业链上下游企业传递，否则就会继续陷入"两头在外"微利化贸易发展方式。同样也只有依赖国内市场规模和价值链分工才能促进出口贸易向高端迈进，摆脱"低端锁定"的贸易发展困境。党的十九届五中全会通过《中共中央关于制定国民经济和社会发展第十四个五年规划和二〇三五年远景目标的建议》，提出"加快构建以国内大循环为主体、国内国际双循环相互促进的新发展格局"。

国内国际双循环新发展格局实际上就是要充分发挥国内超大规模市场的优势，利用国内产业链分工推动科技创新，加快关键核心技术攻关，打造未来发展新优势。因此，在国内统一大市场上将扩大进口与国内产业链循环相结合，通过国内超大市场规模和精细化的产业链分工，吸收和消化外国进口投入品的高技术和高质量，带动国内产业链上下游企业技术进步，进而促进中国企业出口产品质量和产品技术升级是实现经济和外贸高质量发展的关键所在。

1.1.2 研究问题

在以国内大循环为主体、国内国际双循环相互促进的新发展格局下，如何将双循环和扩大进口有机地结合起来，并通过国内产业链更好地利用进口拉动出口，尚需进一步的研究。立足于以上研究背景，本书关注于进口投入品垂直溢出对企业出口升级的影响。具体来说，本书的研究涉及以下几个问题：（1）进口外国投入品是否只对直接进口企业有利？（2）非进口企业如何利用进口带动出口升级？（3）进口外国投入品中内嵌的高技术和高质量能否通过国内产业链产生溢出效应？（4）进口外国投入品的前向溢出和后向溢出能否带动国内产业链上下游企业的出口增长和出口升级？

本书旨在通过对以上问题的研究，回答和厘清进口投入品垂直溢出对国内企业出口升级的影响，拟提出一条由进口—国内产业链—出口升级的贸易高质量发展路径，为中国未来企业出口贸易升级和国家政策制定提供一定的参考依据。

1.1.3　研究意义

（1）理论意义。

首先，本书对国际贸易技术溢出相关议题的研究提供了一个很好的补充。关于国际贸易带来的技术溢出效应的研究比较早，前期的研究主要集中在宏观层面（国家、地区和行业）。宏观层面的研究虽然可以解释进口贸易技术溢出的平均效应，但是对国际贸易技术溢出效应的微观特征不能很好地解释。随着异质性企业理论的出现，学者们开始从微观层面探讨企业进口外国投入品对自身经营绩效（生产率、创新、利润、出口升级等）的影响，但是这部分研究只关注了直接进口企业。

另一部分关于贸易自由化的研究涉及了进口贸易自由化对所有企业（包括进口企业和非进口企业）的平均影响，但是这部分研究关注的只是进口贸易的横向溢出效应，没有涉及进口贸易带来的跨行业影响。事实上，经济中大部分企业并不直接进口外国投入品，而非进口企业则会通过国内上下游行业间接接触外国投入品（Dhyne et al.，2021），但是当前对该问题尚没有系统的研究。本书通过计算进口投入品的垂直溢出指标，研究了进口投入品通过国内产业关联产生的跨行业溢出效应，丰富了有关进口贸易技术溢出的相关议题，有助于更全面地理解进口贸易技术溢出的作用机制。

其次，本书丰富了异质性企业贸易理论的相关研究。异质性企业贸易理论起初侧重于企业生产率的异质性，后来学者们对企业的异质性进行了不断的拓展，特别是在中国情境下，从异质性角度研究企业出口增长受到了极大的关注，但是该议题仍有较大挖掘和深入研究的空间。本书从国内产业关联的视角，研究上下游行业的进口行为对企业出口升级和生产率增长的影响，从理论上进一步揭示了中国加入WTO以后出口贸易和生产率快速增长现象的深层次原因，丰富了异质性企业贸易理论相关议题。

（2）现实意义。

本书研究可以为构建以国内大循环为主体、国内国际双循环相互促进的新发展格局提供有益的思路。目前，我国已经拥有超大的国内市场规模和世界上最完备的工业体系，为构建双循环发展格局提供了坚实的基础。以往中国参与全球价值链的主要方式是通过"两头在外"的加工贸易，这种贸易方式容易被发达国家的大型跨国公司"俘获"，陷入"低端锁定"的困局。而想要打破发达国家在贸易和科技领域的封锁，就必须充分利用国内产业链循环体系，通过精细化的分工和完备的生产链条重构中国参与全球贸易的方式。利用上下游行业进口外国高技术含量和高质量的投入品，带动国内相关产业链上的其他企业技术升级，通过国内附加值创造和自主创新进一步促进企业出口产品和出口技术升级，这是一套完整的由进口——国内产业链——出口的双循环发展格局，其关键就在于充分发挥国内产业链的技术吸收、技术创新和价值创造作用。本书的研究揭示了进口投入品通过国内产业关联的前向溢出和后向溢出促进上下游企业出口升级的作用机制，可以为构建双循环发展格局提供有益的思路。

1.2 研究内容与方法

1.2.1 研究内容

通过国内产业链的分工体系消化吸收外国投入品的高技术和高质量，带动产业链上下游企业技术升级和出口升级，是促进经济和贸易高质量发展，构建双循环体系的有效途径。在此背景下，本书重点讨论了进口投入品是否能够通过国内上下游关联行业产生溢出效应，进而促进企业出口升级。按照企业出口升级的内涵，本书关注企业的出口行为，主要包括企业的出口参与、企业出口的集约边际和广延边际，以及企业出口产品升级，产品升级包括质量升级（出口产品质量）和产品的技术升级（出口技术复杂度）。本书共8章，具体内容如下：

第1章是绪论。主要介绍了本书的研究背景，提出了本书的研究问题。同时概述了本书的研究内容、研究方法和创新点。

第2章是理论基础与文献综述，共三个部分。第一部分首先根据以往文献和本书的研究思路对进口投入品和进口投入品的垂直溢出进行了概念界定。第二部分是相关理论基础，首先，梳理了异质性企业贸易理论的发展历程及其主要内容，并重点介绍了异质性企业贸易理论在产品质量研究上的拓展。其次，梳理了国际知识溢出的基本理论，主要包括其概念界定、产生动因和具体分类。最后，梳理了产业关联理论的主要内容，主要包括产业关联的内涵及分类，同时介绍了产业关联的统计分析工具即投入产出表的主要内容和应用方法。第三部分从五个方面回顾了与本书密切相关的研究。首先从四个方面综述了进口贸易对出口升级影响的相关文献，主要包括企业生产率、企业出口行为、出口产品质量和出口复杂度。其次综述了进口投入品垂直溢出的相关研究。最后，对上述研究进行了简要评述。

第 3 章是进口投入品垂直溢出影响企业出口升级的机制分析。本书在相关理论和文献基础上，分析了进口投入品垂直溢出对企业出口升级的影响机制。其中，前向溢出对企业出口的影响包括：技术溢出效应、质量提升效应和成本下降效应。后向溢出主要包括市场竞争效应、逆向学习效应和产业链配套升级效应。

第 4 章是数据处理与进口投入品的典型特征事实分析，主要包括三个部分。第一部分介绍了本书识别的进口企业所属行业与以往研究中进口产品所属行业的区别，明确了本书研究需要用到的进口企业所属行业信息的内涵。第二部分是数据处理：第一，为了计算进口投入品的垂直溢出指标，本书使用了五个步骤依次对海关数据中进口企业所属行业进行了识别，详细叙述了每个识别步骤的方法以及识别结果。第二，介绍了以投入产出表为基础的进口投入品垂直溢出的计算方法。第三部分是典型特征事实分析：首先，统计描述了中国制造业总体进口规模和进口结构的变化趋势；其次，以进口企业所属行业为基准，统计了分行业进口投入品总额，并分析了不同行业的进口结构及其变化趋势；最后，统计分析了不同行业进口投入品垂直溢出的变化情况，并且根据不同行业所处产业链位置进行分类，分析了进口投入品前向溢出和后向溢出的总体规模和变化趋势的差异。

第 5 章是进口投入品垂直溢出对企业出口行为的影响，主要研究了进口投入品垂直溢出对企业出口参与，以及企业出口集约边际和广延边际的影响，共分为四个部分。第一部分在梅里兹（Melitz，2003）异质性企业贸易理论模型的基础上，分析了进口投入品前向溢出和后向溢出对企业出口行为影响的理论机制。第二部分对本章实证研究用到的数据、变量、指标和实证模型进行了说明,并且对相关变量进行了简单的描述性分析。第三部分实证检验了进口投入品垂直溢出对企业出口行为的影响。主要包括基准回归、稳健性检验以及从不同进口贸易方式和不同产品类别层面进行的异质性分析。第四部分是机制分析,研究了进口投入品垂直溢出对企业生产率的影响。

第 6 章是进口投入品垂直溢出对企业出口产品质量升级的影响,全章共五个部分。第一部分在哈拉克和西瓦达桑(Hallak & Sivadasan,2013)质量决定模型的基础上梳理了进口投入品垂直溢出对企业出口产品质量的影响。第二部分介绍了本书计算企业出口产品质量的方法。第三部分介绍了数据、指标和模型。第四部分是实证检验,主要包括基准回归分析、稳健性检验以及基于不同的进口贸易方式、进口来源国、企业所有制和企业所属地区进行了多维异质性分析。第五部分是溢出渠道研究,研究了进口产品内嵌技术水平和进口产品质量的垂直溢出对企业出口产品质量的影响。第六部分是考虑企业与质量前沿距离的影响,研究了进口投入品垂直溢出对不同质量水平企业的影响。

第 7 章是进口投入品垂直溢出对企业出口产品技术升级的影响,全章共六个部分。第一部分在豪斯曼等(Hausmann et al.,2007)的"成本发现"理论模型基础上,分析了进口投入品前向和后向溢出对企业出口技术复杂度的影响。第二部分介绍了本书计算企业出口技术复杂度的方法,并对计算结果进行了简单的描述性分析。第三部分对本章实证研究用到的数据和变量进行解释和说明,并构建了固定效应回归模型。第四部分进行了实证研究。首先是基准回归和稳健性检验。其次通过考虑进口贸易方式、进口来源国、企业所有制和企业所处地区等因素进行了详细的异质性研究。第五部分是溢出渠道研究，研究了进口产品内嵌技术水平和进口产品质量的垂直溢出对企业出口复杂度的影响。第六部分进一步研究了国内制度环境对进口投入品垂直溢出与出口升级之间关系的调节效应。

第 8 章是结论和展望。首先对全书研究进行了概括和总结；并根据本书研究结果提出了相应的政策启示和对策建议；最后指出了本书的研究不足和未来的改进方向。本书研究的整体技术路线如图 1 - 1 所示。

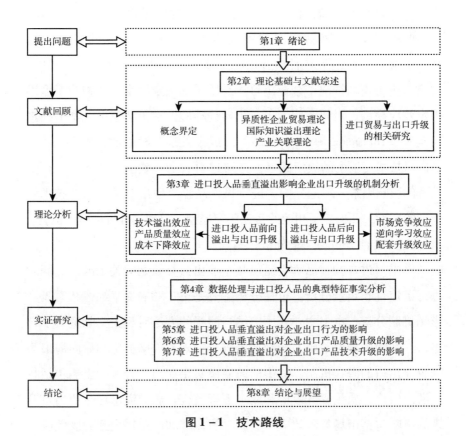

图 1 - 1　技术路线

1.2.2 研究方法

（1）理论研究与实证研究相结合。

本书在研究进口投入品垂直溢出与企业出口升级时，采用了理论研究与实证研究相结合的方式展开。在第5章中，本书在梅里兹（Melitz，2003）异质性企业贸易理论的基础上分析了进口投入品前向溢出和后向溢出对企业生产率和企业出口的影响，并根据理论分析提出了相应的研究假说。然后根据理论模型构建了以赫克曼（Hecnkman）两阶段方法为基础的实证研究模型，并进行了翔实的实证检验。在第6章中，本书借鉴哈拉克和西瓦达桑（Hallak & Sivadasan，2013）的质量决定模型推演了企业出口产品质量的决定因素，并构建了多维固定效应模型，对研究假说进行了实证检验。在第7章中，本书在豪斯曼等（Hausmann et al.，2007）"成本发现"模型的基础上，分析了出口技术复杂度的决定因素，并通过引入全要素生产率和企业模仿效率的影响因素，理论分析了进口投入品垂直溢出对企业出口技术复杂度的影响，并构建了相应的实证研究模型，对理论分析进行了检验。

（2）定性分析与定量分析相结合。

本书对进口投入品垂直溢出与企业出口升级之间关系的研究同时进行了定性和定量分析。定性分析主要是第2章的文献综述和第3章影响机制分析，本书主要采用归纳与演绎的方法对相关文献进行了评述，并在相关理论基础上，阐述了进口投入品前向溢出和后向溢出影响企业出口的潜在机制。其中前向溢出对企业出口升级的影响包括技术溢出效应、质量提升效应和成本下降效应；后向溢出对企业出口升级的影响包括市场竞争效应、逆向学习效应和产业链配套升级效应。

定量分析主要是指本书的第4章至第7章，第4章通过进口数据对进口投入品的典型特征事实进行了分析，主要包括不区分行业的进口投入品的总体变化趋势、区分行业的中国制造业行业进口投入品和进口投入品垂直溢出的典型特征事实分析。第 5 章至第 7 章是计量分析，本书在第 5 章至第 7 章设计了面板数据的实证研究模型，实证检验了进口投入品垂直溢出对企业出口行为、出口产品质量升级和出口产品技术升级的影响。

（3）比较研究法。

为了更为全面地研究进口投入品垂直溢出对企业出口升级的影响，本书充分运用了"比较研究法"。从全书总体层面来看，本书分别研究了进口投入品的前向溢出和后向溢出，并将它们的总体特征和潜在机制进行了比较分析；同时，本书分别研究了出口产品的质量升级和技术复杂度升级，质量升级是一种纵向的产品内的升级模式，技术复杂度升级是一种横向的产品间的升级模式，通过对这两者的对比有助于更深刻地理解进口投入品垂直溢出对企业出口产品升级的影响方式。从具体的研究内容来看，本书在典型特征事实分析部分，从纵向的时间维度上分析了进口投入品及其垂直溢出的变化趋势，同时从横向的产业维度上比较了产业之间进口投入品及其垂直溢出不同特征。本书在实证研究中，通过对样本数据进行多维度的拆解，从不同层面进行了比较分析，如一般贸易进口和加工贸易进口的对比、不同企业所有制之间的对比、不同地区之间的对比、不同进口来源国之间的对比、不同溢出渠道之间的对比等。

1.2.3　可能的创新点

（1）研究视角的创新。

在构建国内大循环为主体、国内国际双循环相互促进的新发展格局背景下，本书提出了由进口→国内产业链→出口升级的贸易高质量发展路径，重点突出了国内产业链在企业出口升级中的重要作用。本书可能是国内首次系统地研究进口投入品垂直溢出对企业出口升级影响的文献。以往宏观层面国际技术溢出的相关研究，忽视了经济中大部分企业并不直接进口的典型事实，无法解释进口技术是如何从直接进口企业向非进口企业扩散的。而微观层面的大部分研究只关注了直接进口中间品或资本品对企业出口的影响。本书研究了进口投入品通过国内产业关联产生的跨行业溢出效应，是有关进口贸易自由化相关议题的有益补充，为理解中国加入 WTO 以来所经历的生产率和出口快速增长现象提供了新的视角和经验证据。

（2）研究内容的创新。

首先，本书基于企业出口升级的内涵，从两个方面五个维度考察企业出口升级，分别是企业出口行为（出口参与、出口集约边际和广延边际）和企业出口产品升级（质量升级和技术升级）。其次，在异质性企业贸易理论、国际知识溢出理论和产业关联理论的基础上，从进口投入品的前向溢出和后向溢出两个方面阐述了进口贸易通过国内产业关联产生溢出效应的潜在机制。最后，文章从进口产品技术水平和进口产品质量两个方面探究了进口投入品垂直溢出效应的发生渠道，并详细地考察了进口投入品垂直溢出影响企业出口升级的异质性，揭示了进口投入品通过国内产业关联产生垂直溢出效应的内在机理。

（3）数据处理方法创新。

为了计算进口投入品的垂直溢出指标，本书采用了新的数据识别策略，识别了海关贸易数据中记录企业的所在行业信息。以往研究使用的以产品所属行业为主体进行加总的进口总额数据，无法区分不同行业实际使用的进口投入品。布莱洛克和韦洛佐（Blalock & Veloso，

2007）的研究所使用的数据包含了印度尼西亚企业的进口数据和所属行业信息，只需要与投入产出表相结合，就可以计算进口投入品的垂直溢出。但是，中国当前可以使用的主流微观数据却不具备这样的条件。比如中国工业企业数据库，虽然包含企业的行业信息，但是并没有企业的进口数据。而海关数据记录了企业进出口数据，但是却不包含企业的行业信息，这就造成了本书的研究难点。

本书按照准确性由高到低的顺序，分五个步骤识别了海关数据中非中间商企业的所属行业信息，将海关数据库中直接进口数据的利用率从40%提高到90%，并在此基础上计算了行业层面的进口投入品总额，使研究进口投入品的垂直溢出成为可能，可以为后续研究提供思路和借鉴。另一个创新点是本书可能更加精确地计算了投入品的进口竞争。以往文献在研究进口竞争问题时，采用的多是以进口产品所属行业进行加总的方式，无法有效地区分投入品的使用和投入品带来的进口竞争，而本书研究中进口投入品的后向溢出即下游行业进口投入品对上游行业的影响，可能更加精确地表示了投入品的进口竞争。

第 2 章　理论基础与文献综述

有关进口带动东道国技术进步、产业升级和出口升级的相关问题，一直是国际贸易领域的热点话题。本章围绕进口贸易对出口的促进作用这一主题展开，主要分为三个部分，首先对本书中涉及的核心概念进行了界定，其次梳理了与本书直接相关的三个理论基础，最后对进口贸易的相关研究进行了回顾和评述。

2.1　本书相关概念界定

2.1.1　进口投入品

本书中的进口投入品是指制造业企业或行业进口并使用的中间品和资本品。具体来说，本书关注的主体是制造业企业和行业，文章中所有数据及分析并不包括服务业或其他工业的进口或出口行为①。"投入品"一词借鉴了谷克鉴等（2020）的研究，他们的文章中使用

---

① 中国工业企业数据库中涉及到的除制造业外的其他工业还包括："采掘业"和"电力、燃气及水的生产和供应业"。

"生产性投入品"代指制造业企业或行业为了投入再生产而购买的中间品和资本品。本书中涉及的"投入品"与谷克鉴等（2020）中的"生产性投入品"概念一致。当本书中需要分别研究中间品和资本品的区别时，会将它们二者区分开。

企业进口投入品是指某一企业进口并使用的投入品，行业进口投入品是指某一制造业行业进口并使用的投入品。"进口"的概念在不同研究中有较大区别。有关进口竞争的相关研究中（魏浩和连慧君，2020；张峰等，2021），在统计口径上并不关注"使用"，只关注"进口"，即不管产品由谁使用，只要外国产品被进口到国内就会对生产该种产品的企业带来进口竞争效应，因此有关进口竞争的相关研究是按照产品所属行业将进口产品加总进而得到行业的进口竞争变量。本书与一般关于进口中间品或资本品的研究一致（张杰等，2015；Feng et al.，2016；许家云等，2017），关注的都是"进口并使用"[①]。要想得到某一行业进口并使用的投入品总额，需要将行业中的企业进口并使用的投入品加总，因此本书中的行业进口投入品是以企业所属行业进行加总，进而得到行业进口投入品。有关进口产品所属行业和进口企业所属行业的区别及识别方法见第 4 章。

本书的描述性分析和实证研究部分所涵盖的制造业行业是以国家统计局发布的 2002 年 122 个行业部门投入产出表为基准的。由于本书研究中的产业关联需要用投入产出表进行相应的计算，所以采用了投入产出表中相关的制造业行业分类。本书以 2002 年版的投入产出表为蓝本，将 2002 年、2007 年、2012 年版的投入产出表所涉及的制造业行业进行了整合[②]，最后形成的统一版本共包含 66 个制造业行

---

① 从当前可用的统计数据来看，并没有关于企业使用了多少外国投入品的数据。一般来说，只要企业并非贸易中间商，那么企业进口的投入品就是供其自身使用。所以一般文献都使用直接进口企业的进口投入品数据来表示企业使用的进口投入品。

② 2007 年版投入产出表包含 135 个行业，2012 年版投入产出表包含 139 个行业。

业，不同的投入产出表的行业标准如第 4 章和附录所示。

2.1.2 进口投入品垂直溢出

本书中的进口投入品垂直溢出是指某一行业进口并使用外国投入品对其国内上下游关联产业产生的影响，这一概念与外商直接投资（FDI）的垂直溢出类似（李磊等，2018）。进口投入品垂直溢出包括进口投入品的前向溢出和后向溢出。进口投入品的前向溢出是指上游行业进口并使用投入品，它是一种供应方效应，其源于企业的国内供应商对外国投入品的使用，这种情况伴随着知识和技术从上游到下游的扩散（Merlevede & Theodorakopoulos，2021）。进口投入品的后向溢出是指下游行业进口并使用投入品，即当企业的国内客户开始进口以前从国内采购的投入品时，企业就会受到下游进口的影响，下游进口是一种来自需求方的冲击，即进口竞争（Merlevede & Theodorakopoulos，2021）。

本书使用的进口投入品垂直溢出指标包括进口投入品前向溢出（FL）和后向溢出（BL），指标计算方法借鉴了布莱洛克和韦洛佐（Blalock & Veloso，2007）、李磊等（2018）、梅里维德和西奥多拉科普洛斯（Merlevede & Theodorakopoulos，2021）的研究。进口投入品垂直溢出指标的计算思路是首先将企业的进口投入品（进口并使用）按照企业所属行业加总得到行业进口投入品总额，然后将行业进口投入品与投入产出表相结合，利用产业关联的一般计算方法计算得到进口投入品的前向溢出和后向溢出（见第 4 章和第 5 章）。具体来说，某一行业的进口投入品前向溢出是指其上游行业进口投入品对其自身的影响；某一行业的进口投入品后向溢出是指其下游行业进口投入品对其自身的影响。本书研究中还涉及进口产品内嵌技术水平和进口产品质量的前向溢出和后向溢出，其计算思路与进口投入品垂直溢出一致（见第 6 章）。

2.2 相关理论基础

2.2.1 异质性企业贸易理论

国际贸易理论研究的主要是国际贸易产生的原因、运行的模式及其导致的结果，随着国际贸易的发展，国际贸易理论也在不断推陈出新。国际贸易理论最早可以追溯到斯密的绝对优势理论，该理论认为不同国家之间具有生产率的差异，一国应该出口其具有绝对优势的产品，进口具有绝对劣势的产品，这样参与国际贸易的各个国家都能从中获益。然而现实情况却与斯密的理论并不能完全相符合，因为存在一部分在所有产品生产上都具有绝对劣势的国家仍然可以参与国际贸易。这就需要新的理论来解释国际贸易产生的动因，李嘉图在斯密的基础上适时地提出了相对优势理论。该理论认为国际贸易并不需要国家之间的绝对技术差距，只要存在生产率的相对差异，就会存在生产成本和价格的相对差异，进而就会产生国际贸易。该理论克服了绝对优势理论的缺陷，但是仅仅关注了国家间劳动生产率的差异。20 世纪 30 年代，瑞典经济学家赫克歇尔和俄林从国家间的要素禀赋差异和要素投入比例差异的角度解释了国际贸易的动因，进而形成了要素禀赋理论。以上三种理论被称为传统贸易理论，因为他们都是建立在完全竞争市场、规模报酬不变、同质产品和同质企业的假定下建立起来的国际贸易理论，传统贸易理论在比较优势的基础上可以很好地解释产业间贸易。

在 20 世纪上半叶，传统贸易理论一直占据主导地位，可以很好地解释国际贸易现象。但是进入到 20 世纪 60 年代后，国际贸易开始出现一些新的现象：第一是发达国家内部之间的贸易量迅速增加；第二是同一产业内的贸易量急剧扩大。这两种现象都是传统贸易理论无法解释的，在这种现实和理论背景下，以克鲁格曼（Krugman，1979；1980）为代表的新贸易理论一改传统贸易理论的基本假设，引入了不完全竞争的市场结构、规模经济和产品差异化，认为规模经济能够引导国家进行专业化分工进而产生国际贸易。但是不论是传统贸易理论还是新贸易理论都只是从产业层面解释国际贸易，而假定企业是同质的。但是实际上现实经济中，企业之间的生产率和规模存在巨大差异，同一产业内部往往只有部分企业可以出口。随着世界经济和国际贸易的不断发展，越来越需要一种理论来解释企业层面的国际贸易现象，在这种背景下，以企业异质性为基础的新新贸易理论应运而生。

异质性企业贸易理论的经典文献主要有两个：梅里兹（Melitz，2003）模型和伯纳德（Bernard，2003）模型，但是影响力最广的无疑是梅里兹（2003）的模型。由于梅里兹（2003）模型的间接性和可扩展性较强，受到了学术界的广泛认可，可以说梅里兹（2003）模型是异质性企业贸易理论的奠基之作。该模型把企业生产率异质性内生到克鲁格曼（1980）垄断竞争和规模报酬递增条件下的贸易模型中，再利用霍彭哈恩（Hopenhayn，1992）的垄断竞争动态产业模型来解释产业内异质性企业的内生选择。梅里兹（2003）模型的基础是生产率异质性，其结论表明只有生产率最高的企业会进入出口市场，生产率较低的企业只能留在国内市场，而贸易自由化则会带来市场的达尔文进化，导致生产率最低的企业退出市场。其结果是贸易自由化带来同一产业内的市场份额重新分配，生产率较高的企业将会获得更大的市场份额，进而导致整个行业生产率水平的提高。

大量学者在梅里兹（2003）模型的基础上进行扩展和延伸。其中一类拓展就是将企业生产率内生化，由于梅里兹（2003）模型中的生产率是由外生的随机分布决定，企业无法自主选择其自身的生产率水平，一些文献在此基础上引入了企业的技术选择策略，进而将企业的生产率内生化。比斯托（Bustos，2005）、纳米尼和洛佩兹（Namini & Lopez，2006）、汉森和尼尔森（Hansen & Nielsen，2007）和爱丁顿和麦尔卡曼（Ederington & McCalman，2008）的研究表明只有那些使用了先进技术进而达到更高生产率的企业才会出口，而贸易自由化将导致生产率较高的企业利润水平提高，从而激励企业使用更先进的技术。

随着新新贸易理论的发展，很多实证文献发现企业的出口产品价格与企业生产率密切相关（Hummels & Klenow，2005；Johnson，2012；Schott，2004；Hallak & Schott，2011；Hallak & Sivadansan，2013；Baldwin & Harrigan，2011）。基于生产率异质性的企业贸易理论得出的结论是生产率越高的企业其生产成本越低，产品价格越低，这无法解释上述企业生产率与企业产品价格正相关的现象。随之而来的一个问题就是，是否需要考虑企业出口产品质量的异质性？林德（Linder，1961）认为，随着收入水平的提高，消费者对产品质量的要求更高，这将导致发展中国家的低质量产品很难出口到发达国家（Fajgelbaum et al.，2011）；同时，出口的先决条件是产品质量，如果产品质量不达标，那么无论价格多低都是无法出口的（Gervais，2015）。由此可见产品质量的差异是企业异质性的重要来源。一些学者在梅里兹（2003）模型的基础上进行改进，引入了企业的产品异质性，下面对企业产品异质性理论模型做一个简单的介绍和归纳。

第一类理论模型和梅里兹（2003）模型类似，将产品质量异质性设为外生，产品质量服从的分布也与梅里兹（2003）模型的形式类似（Baldwin & Harrigan，2011；Crozet et al.，2011；Dinopoulos & Unel，2013）。第二类理论模型是在梅里兹（2003）模型的基础上，将产品质量差异内生，通过将产品质量引入 CES 间接效用函数（Hallak & Sivadansan，2013）引入了企业的产品质量异质性，其效用函数 U 的形式是：

$$U = \Big[\sum_j (\lambda_j q_j)^{\frac{\sigma-1}{\sigma}}\Big]^{\frac{\sigma}{\sigma-1}} \qquad (2-1)$$

在式（2-1）中，q_j 表示典型消费者的消费数量，λ_j 表示商品 j 的质量，σ 是产品的替代弹性。该效用函数表明消费者效用是消费数量和产品质量的增函数，消费者偏好更多的产品数量和产品质量。在相同消费数量下，产品质量越高效用越高；在相同的效用水平下，产品质量越高，需要消费的产品数量越少。这一效用函数设定与现实中的消费者行为基本相符。在总支出 I 的约束下，消费者的消费量和价格指数为：

$$q_i = p_i^{-\sigma} \lambda_i^{\sigma-1} \frac{I}{p} \qquad (2-2)$$

$$P = \sum_j p_i^{1-\sigma} \lambda_i^{\sigma-1} \qquad (2-3)$$

式（2-2）和式（2-3）表明，代表性消费者的消费产品 j 的数量与该产品的价格和产品质量有关，这也说明了产品质量异质性设定的重要作用。

第三类理论模型是在梅里兹和奥塔维亚诺（Melitz & Ottaviano，2008）的基础上，通过将产品质量引入拟线性效用函数实现了产品质量的内生化（Foster et al.，2008；Antoniades，2015；Ludema & Yu，2016）。

$$U = q_0^c + \alpha \int_{i \in \Omega} q_i^c d_i + \beta \int_{i \in \Omega} z_i q_i^c d_i - \frac{1}{2} \gamma \int_{i \in \Omega} (q_i^c)^2 d_i - \frac{1}{2} \eta \left(\int_{i \in \Omega} q_i^c d_i \right)^2$$

$$(2-4)$$

式（2-4）中消费者的效用函数，其中 q_0^c 和 q_i^c 分别为同质化产品的消费数量和差异化产品的消费数量；Ω 表示所有差异化产品的集合，α、β、γ、η 是大于零的参数。z_i 为差异化产品的产品质量。由效用函数可得需求函数：

$$p_i = \alpha - \gamma q_i^c + \beta z_i - \eta \int_{i \in \Omega} q_i^c d_i \qquad (2-5)$$

式（2-5）表明消费者消费商品的数量与产品质量相关，参数 α 和 η 代表消费者对差异化产品的偏好程度。参数 α 越大和参数 η 越小，则表明消费者越偏好差异化产品。

综上所述，异质性企业贸易理论主要关注于企业本身的异质性，从梅里兹（2003）模型的生产率异质性开始，到产品异质性，以及更多其他方面异质性的拓展，新新贸易理论仍然在不断发展。除了以上理论模型之外，也有学者将加成率和企业规模等因素纳入到异质性企业贸易理论中来，试图解释生产率异质性和产品异质性无法解释的问题。需要另外指出的是，梅里兹（2003）模型等异质性企业贸易理论中仅仅涉及到了一种企业异质性，越来越多的学者将不同的企业异质性因素纳入到同一个理论框架中（Ludema & Yu，2016），这也是当前国际贸易理论发展的趋势之一。

2.2.2　国际知识溢出理论

知识溢出的概念最早起源于麦克道尔（MacDougall，1960），其书中指出外国直接投资会对当地产生知识溢出效应，进而促进东道国的技术进步和经济增长。知识溢出之所以能够发生作用的基础是知识具有非竞争性和非排他性（Romer，1990），杰夫（Jaffe，1996）认为知识溢出是知识模仿者和知识创新者之间通过信息交换而获得知识的过程。知识溢出实际上是一种知识扩散和传播的方式，这个过程一般是被动的、无意识的、非自愿的。从狭义上来讲，国际知识溢出等同于国际技术溢出，即新产品和新技术的溢出，从广义上来讲国际知识溢出还包括先进的管理经验、营销理念和营销渠道等。

知识具有正向的外部性，通过溢出效应作用于其他厂商，可以推动整个行业的技术进步，它带来的整体经济效益远大于其对知识创新者自身的效益。知识源于研发和创新活动，而有形的商品则是知识和技术的重要载体，它可以将知识固化并高效地传递。知识一旦被生产和发明出来，它就会凝结于产品当中，通过贸易的传播被复制利用和投入再生产，进而被更多的生产活动参与者利用，因此国际贸易与国际投资是知识溢出的重要渠道（赵勇和白永秀，2009）。由于以商品为导向的创新是技术进步的主要动力，通过进口贸易产生的知识溢出主要有两种渠道：一是通过购买高质量的最终产品进入东道国，二是通过购买技术水平较高的中间投入品进入东道国。这些知识和技术通过进口产品从发达国家流入发展中国家，形成了国际知识的积累和传播，进而给发展中国家带来水平差异化和垂直阶梯化的技术进步（Coe & Helpman，1995）。

从国际知识溢出的方向来看，主要可以有两种分类：一是横向水平溢出，二是垂直溢出，这种分类的方式主要是依据溢出效应的接收方是否与发出方是同一产业。横向水平溢出主要是指同一产业内的溢出效应，垂直溢出是指通过投入产出关联为基础的对上下游产业产生的溢出效应。同一产业内的横向溢出效应主要是通过示范效应和竞争效应产生的，知识溢出的示范效应是指同一产业内部的本地企业向外资企业和进口产品学习和模仿；竞争效应是指同一产业内部的外资企业和产品进入本地市场，会加剧本地市场的竞争，进而促进本地企业加大研发投入，寻求技术升级，从而产生"逃避竞争"效应。而知识的垂直溢出又可以分为前向关联和后向关联，前向关联是指本地企业使用外资企业提供的中间品或进口外国中间投入品，后向关联是指本地企业作为外资企业的供应商，或者通过出口中间投入品接触外国企业。

2.2.3 产业关联理论

（1）产业关联的内涵。

产业关联理论是基于国民经济视角研究区域内产业之间质的联系和量的关系的理论。里昂惕夫（Leontief，1951）通过中间消耗分析经济中各部门之间的经济联系，使得产业关联理论基本成型。本书采用苏东水（2002）对产业关联的定义，他的产业关联定义包括了在投入产出以及供给需求上"量"的联系和产业间相互影响、相互制约且互为上下游市场所形成的技术经济联系，表明产业关联并不能独立的存在，而必须是建立在产业与产业之间通过中间产品而联系起来的一种动态关联。在产业链上，各个产业相互关联、互为市场，形成一个具有复杂关联性的经济系统，国民经济中各个产业的生产都不可能是孤立存在且只为自身服务的。

从方向上来看，产业关联主要分为前向关联和后向关联。其中，前向关联是指一个产业的生产活动变化引起其下游关联部门的变化；后向关联则是指一个产业的生产活动变化引起其上游关联部门的变化。前向关联和后向关联的波及范围和影响程度取决于特定产业的性质。如农林牧渔等初级产品部门的前向关联作用较大，而最终消费品行业的后向关联作用较大，产业关联对于制定经济发展战略和产业政策具有重要的意义（梁小民，1994）。

（2）产业关联的统计分析工具。

投入产出表是研究产业关联的基础，投入产出表反映了一定时期内某区域内各产业部门之间的投入与产出的相互联系。投入产出简化表如表 2-1 所示，本书在这里对该表做一个简单的说明。按照左上、右上、左下的排列顺序，投入产出表可以划分为三个象限，即第Ⅰ、第Ⅱ、第Ⅲ象限。从产业关联视角来看，最重要的是第Ⅰ象限，其反映了各产业部门之间的生产技术联系。从横向来看，是某产业部门的产品作为投入要素分配到各产业中的量；从纵向来看是某一产业的生产需要使用的各产业的中间投入的量。第Ⅱ象限反映了各部门总产出中作为最终需求使用的情况，第Ⅲ象限是各产品增加值的构成情况。

基于投入产出表就可以产业之间的关联度系数，主要包括：直接消耗系数、完全消耗系数、直接分配系数和完全分配系数，下面本书对这几种产业关联度指标做简单介绍：第一，直接消耗系数是指某一产业部门的单位产品需要直接消耗的各产业部门的产品或服务的数量。第二，完全消耗系数是指某一产品部门每增加一单位产出需要的所有直接和间接消耗各部门产品或服务的数量。第三，直接分配系数是指某产品部门分配给其他产品部分生产时所需的产品和服务的数量。第四，完全分配系数是指某部门产品分配给其他产品部门生产时所需的直接和间接产品和服务总量。

表 2 - 1   投入产出简化表

产出 投入		中间使用					最终 使用	总产出
		1	2	…	n	合计		
中间 投入	1	x_{11}	x_{12}	…	x_{1n}	W_1	Y_1	X_1
	2	x_{21}	x_{22}	…	x_{2n}	W_2	Y_2	X_2
	…	…	…	…	…	…	…	…
	n	x_{n1}	x_{n2}	…	x_{nn}	W_n	Y_n	X_n
	合计	C_1	C_2	…	C_n	W	Y	X
增加值		N_1	N_2	…	N_n	N		
总投入		X_1	X_2	…	X_n	X		

2.3 文献回顾

本书研究主要关注进口投入品的垂直溢出效应，该问题是进口相关研究下的一个子问题。所以，该部分文献综述主要对进口和出口升级的相关研究主题进行梳理。与进口相关的内容主要包括：贸易自由化、进口竞争、进口中间产品等。与出口升级相关的内容有：企业生产率、出口行为、出口产品质量、出口技术复杂度等。

2.3.1 进口贸易对企业生产率的影响

贸易自由化与经济增长和生产率之间的潜在联系是国际经济学和发展经济学的基础。从早期研究来看，进口贸易一直是理论和经验研究的中心，但是直到异质性企业贸易理论兴起之前，学者们的研究主要放在宏观层面。在内生增长理论方面，中间投入贸易被作为知识扩散的一个机制进行模拟，根据这些模型，国内和国外中间投入的使用与全要素生产率的提高有关（Romer，1990；Grossman & Helpman，1991；Aghion & Howitt，1992）。凯勒（Keller，2002）的研究将早期对封闭经济中不同产业的生产力和研发之间联系的研究与国际贸易相联系，他的理论模型说明，由于知识的非竞争性，某一行业研发的技术可以通过差异化的中间产品贸易传递给国际和国内的其他行业。随后，他使用了一个从1970~1991年的8个国家的13个制造业行业的数据研究发现，投入产出和进口贸易是技术传播的重要途径，国内行业间和国外行业的技术外溢对生产率的贡献达到50%。麦德森（Madsen，2007）使用经合组织国家135年的数据，研究了技术进口和生产率之间的关系，他的研究表明全要素生产率与知识进口之间存在着稳健的关系，这些国家的生产率增长中有93%是由知识进口带来的。

从异质性企业理论兴起之后，学者们开始关注国际贸易与企业生产率增长。当前关于进口贸易与企业生产率关系的研究较多，总体来看，主要分为两支：第一支文献是关于进口竞争与企业生产率，主要研究了由贸易自由化带来的进口产品增加导致的竞争效应对企业生产率增长的影响。第二支文献是进口投入品对企业生产率的影响。

（1）进口竞争对企业生产率的影响。

当国外产品进入焦点企业所在的国内消费市场时，它们会产生进口竞争。一方面，竞争可以减少企业从创新中获取的潜在租金（Schumpeter，1942）。这种机制称为"熊彼特效应"，它预测进口竞争对企业的经营和创新有负面影响。另一方面，竞争也可以通过减少创新前的租金，即企业在不创新的情况下可以获得的租金来增加创新的动力（Arrow，1962）。这种机制被称为"逃避竞争效应"，它预测进口竞争对企业创新有积极影响。阿格隆等（Aghion et al.，2005）的理论研究表明，当竞争企业处在技术前沿时，逃避竞争效应占主导地位，而"熊彼特效应"则对那些技术较为落后的企业影响较大。

从经验证据来看，大部分研究都支持了进口竞争会促进企业生产率增长的观点。斯科尔（Schor，2004）的研究使用 1986～1998 年 4484 家巴西制造业公司的非平衡面板数据的研究表明，进口竞争和进口投入都显著促进了企业生产率的增长。还有学者分别使用美国、哥伦比亚、印度尼西亚、印度、墨西哥和欧洲的数据也发现了进口竞争促进企业生产率增长的结果（Schmitz，2005；Fernandes，2007；Amiti & Konings，2007；Topalova & Khandelwal，2011；Iacovone，2012；Olper et al.，2014）。科宁斯和范登布斯切（Konings & Vandenbussche，2008）的研究使用欧洲反倾销数据说明贸易政策对不同初始生产率的企业的影响不同。他们的结果表明，反倾销保护了那些生产率较低的企业，这些企业的生产率水平在反倾销保护阶段有一定的提高。而那些生产率较高的企业在反倾销保护期间，生产率反而降低了。

进口竞争对企业产生影响的主要途径为资源再配置效应。在 1974～1979 年间，智利开始了贸易自由化改革，帕夫克尼克（Pavcnik，2002）的研究使用智利贸易自由化期间的数据研究了进口竞争对企业生产率的影响，他们的研究说明进口竞争显著促进了企业生产率的提高，且这种生产率的提高主要表现为进口竞争的资源配置效应，即导致行业内的资源和产出由低生产率企业向高生产率企业转移。伯纳德等（Bernard et al.，2006a）研究了来自低工资国家的进口竞争对美国制造业企业的影响。他们的研究表明，进口竞争导致资本密集型工厂和劳动密集型工厂之间的绩效差距扩大，导致美国企业转换到了与低工资国家进口产品竞争较少，资本和技术密集型较高的行业。费尔南德斯（Fernandes，2007）使用哥伦比亚贸易自由化的研究表明即使在控制了企业和行业的异质性、实际汇率和周期性以后，进口竞争仍然导致了生产率的增长，且与产出从生产率较低企业转移至生产率较高的企业有关。布卢姆等（Bloom et al.，2016）使用1996~2007年12个欧洲国家的面板数据，研究了中国的进口竞争对生产率和创新的影响。他们的研究表明中国的进口竞争导致企业间的就业被分配到技术更先进的企业，且降低了非技术工人的比例。犹他和瑞兹（Utar & Ruiz，2013）的研究也同样地说明了进口竞争的资源配置效应。

从国内研究来看，余淼杰（2010）使用中国1998~2002年贸易自由化数据，研究了行业进口渗透率对企业生产率的影响，他们的研究说明进口贸易自由化显著提高了企业生产率。钱学锋等（2011）使用行业进口数据，研究了进口产品种类对制造业生产率的影响。他们的研究表明，行业自身进口种类的增加并未提高制造业生产率的提高，上游行业进口种类的增加显著促进生产率水平的提高。从异质性来看，来自发达国家的行业自身进口种类增加显著促进了生产率的提高，而来自非发达国家的进口种类增加显著抑制了生产率的提高。简泽等（2014）的研究将中国加入（WTO）后的进口自由化作为一个自然实验，研究了进口竞争对本土企业生产率的影响。他们的研究表明，进口竞争总体上促进了中国本土企业生产率的增长。同科宁斯和范登布斯基（Konings & Vandenbussche，2008）的研究类似，简泽等（2014）的研究表明进口竞争对企业生产率的影响与企业的初始生产率水平相关。其中，对低效率企业而言，进口竞争负向的规模效应超过了正向的激励效应，阻碍了低效率企业的生产率增长，可能导致其市场份额进一步缩小。对于初始生产率较高的高效率企业而言，进口竞争的正向效应大于其负面效应，促进了其生产率和市场份额的进一步提高。余淼杰和李晋（2015）的研究，同时考虑了最终产品进口和投入品进口以及行业异质性。他们的研究表明，最终产品进口显著促进了企业生产率的提高，但是这种生产率提升效应仅对同质性行业有效。

综合现有进口竞争的相关研究来看，进口竞争可以显著促进企业生产率的提高，但是这种提高是在总体层面上的平均影响，进口竞争对企业生产率的影响与企业、行业和地区异质性有关。

（2）进口投入品对企业生产率的影响。

关于进口投入品与企业生产率的研究有很多，综合来看，现有研究普遍认为，进口投入品显著促进了企业生产率的增长。从国外研究来看，阿米蒂和科宁斯（Amiti & Konings，2007）使用印度尼西亚1991~2001 年的数据，研究了贸易自由化视角下关税减免对企业生产率的影响。他们的研究表明，投入品关税下降显著促进了企业生产率的增长，且对直接进口企业的影响较大。具体来说，投入品关税下降导致直接进口企业的生产率增长了12%，且比最终品进口关税下降对企业生产率的影响大。他们的研究还说明，如果不控制投入品的作用，那么最终产品进口竞争对企业生产率的促进作用会被高估。哈本恩等（Halpern et al.，2015）使用匈牙利1993~2002 年的数据，研究发现，进口投入品显著促进了企业生产率的增长。匈牙利超过1/4 制造业生产率增长是由进口投入品贡献的。他们将投入品进口影响企业生产率的渠道归纳为两点，一是质量差异，二是不完全替代效应。且他们的研究发现外资企业进口投入品的收益更大，这可能是由于投入品的使用效率不同和进口成本较低。

余（Yu，2014）使用中国企业进口数据，研究了关税减免对企业生产率的影响。余（Yu，2014）的研究与阿米蒂和科宁斯（Amiti & Konings，2007）所得结果不同，他的结果说明中国的最终产品进口对企业生产率的促进作用大于投入品进口的作用。这主要是因为中国有大量的加工贸易企业，而加工贸易企业的进口关税为零，所以进口关税减免对加工贸易企业没有影响。但是有一些企业同时参与加工贸易和一般贸易，他的研究结果说明，进口关税减免对企业生产率的促进作用随着企业的加工贸易份额增加而减小。莫等（Mo et al.，2021）的研究使用中国的数据，区分了进口中间品和进口资本品对企业生产率的不同影响。他们的研究说明中间品和资本品进口都对企业生产率产生了显著的正向促进作用。但是，进口资本品比进口中间品的生产率提升效应更大，因为资本品进口具有研发资本协同效应和研发资本诱导效应，而中间品进口则没有这些作用。还有一些学者的研究也表明了进口投入品对企业生产率的促进作用（Kasahara & Rodrigue，2008；Topalova & Khandelwal，2011；Brandt et al.，2017）。除此之外，还有从贸易中介（Defever et al.，2020）和交通基础设施（Fiorini et al.，2021）的角度研究了进口投入品对企业生产率的影响。

从国内研究来看，陈勇兵等（2012）的研究表明，进口企业在各项企业经营指标上都强于非进口企业，中间品进口显著促进了企业生产率增长，企业由非进口状态转换成进口状态能提高全要素生产率7.49%。张杰等（2015）的研究表明进口中间品和资本品通过产品种类机制、质量机制和技术溢出效应促进了企业生产率增长。类似的研究还有魏浩等（2017）、谢谦等（2021）、毛其淋和许家云（2015）、余淼杰和李晋（2015），他们的研究从不同的视角出发，但是都发现了进口投入品对企业生产率的促进作用。

2.3.2　进口贸易对企业出口行为的影响

企业出口决策主要包括两个方面，一是企业是否出口，二是企业出口多少的问题。出口决策是异质性企业贸易理论的主要内容，梅里兹（2003）模型在得出封闭状态和开放状态下的均衡状态后，然后进一步分析了贸易自由化对企业出口的影响。他的结果表明，贸易自由化带来的竞争提高了企业的关门临界生产率水平，但是却降低了出口的临界点生产率。贸易自由化导致生产率最低的企业退出了市场，同时导致生产率较高的企业进入出口市场。这表明贸易自由化导致了更多的企业参与出口，提高了企业出口的概率。范等（Fan et al.，2019）的研究将李嘉图比较优势纳入梅里兹（2003）垄断竞争模型的两国多部门版本，他们使用这个模型来解释比较优势、规模经济和企业异质性是如何相互作用而产生产业间和产业内贸易。他们将进口投入贸易自由化的总效应分解为部门间资源配置和部门内企业间选择效应，研究表明，贸易自由化显著提高了中国具有比较优势行业的企业出口概率。

在经验研究方面，从现有研究来看，在进口能否促进出口的问题上，学者们的观点较为一致，普遍认为进口投入品显著促进了企业出口参与和出口量的扩张。伯纳德等（Bernard et al.，2006b）使用美国的制造业数据较早地研究了贸易自由化对异质性企业出口的影响。他们使用进口关税、运费和保险费衡量贸易成本。他们的研究表明，经历了较大幅度的贸易成本下降的行业会表现出较大的生产率增长。那些低生产率的企业更有可能退出市场，相对高生产率的非出口企业更有可能在贸易成本下降的情况下开始出口；现有的出口企业在贸易成本下降的情况下增加了出口量。贝斯（Bas M.，2012）通过使用阿根廷详细的公司层面的数据，证明了在经历更大的投入品关税削减的行业中的公司，进入出口市场的概率更高。这些经验结论在控制其他贸易政策改革、行业和公司特征之后仍然是稳健的。贝斯和斯特劳斯－卡恩（Bas & Strauss-Kahn，2014）的研究证明进口中间投入在企业生产力和出口范围中的重要作用。通过使用更多种类的进口投入，企业获得了更大的投入互补性，从而提高了其生产率，且来自发达国家的高技术水平的投入品对企业生产率的提高作用更大。生产力较高的企业出口更多的品种，因为它们能够承担出口固定成本并在竞争激烈的出口市场上生存。冯等（Feng et al.，2016）的研究在排除了内生性的情况下研究了中间品进口与企业出口之间的因果关系。他们的研究发现，中国企业如果增加使用进口中间产品，其出口就会增加，无论企业的进口活动是通过企业向进口过渡、增加进口投入的支出，还是扩大进口投入的范围来衡量，这一结果都成立。另外还有研究表明，投入品进口贸易自由化延长了中国企业出口产品的持续时间（Zhou et al.，2019）；中国的进口关税下降导致了中国企业由加工贸易转向一般贸易出口（Brandt & Morrow，2017）；新的进口投入品可以促进企业出口新产品（Castellani & Fassio，2018）；企业的技术能力可以强化进口投入对企业出口的促进作用（Mazzi & Foster-McGregor，2021）。

从国内的经验研究来看，田巍和余淼杰（2013）使用中国制造业企业和贸易数据的研究表明，中间品进口关税的下降通过提高制造业企业的利润促进了中国企业的出口，同时通过成本下降造成了出口部门的扩张。另外还有毛其淋和盛斌（2013）、张杰等（2014）、毛其淋和盛斌（2014）和康志勇（2015）等也从不同角度出发，研究表明进口投入品促进了企业出口。

2.3.3 进口贸易对出口产品质量的影响

本书梳理了有关进口贸易与企业出口产品质量升级的相关研究，本书仍然按照进口竞争与进口投入品的区别将相关文献进行分类。首先来看有关进口竞争与企业出口产品质量升级的研究。阿米蒂和坎德尔瓦尔（Amiti & Khandelwal，2013）的研究使用了涵盖 56 个国家的 10000 多种产品的出口数据，他们的研究说明进口竞争对出口产品质量的影响非常显著，但是这种作用并不是单纯的线性关系，而是与其产品距离世界产品质量前沿的距离有关。他们的研究结果表明，进口竞争促进了那些离世界产品质量前沿较近的产品质量的提高，而阻碍了远离前沿的产品质量的提高。产生这一结果的原因在于进口竞争对企业可以产生两种不同的影响："逃避竞争效应"和"可占有效应"。"逃避竞争效应"效应意味着距离前沿较近的企业会努力提升其产品质量，以便在进口竞争中存活下来；而"可占有效应"类似于"熊彼特效应"，它导致了企业出口产品质量的降低，因为这些距离前沿较远的企业无法与新进入者竞争。刘晓宁和刘磊（2015）使用中国的进口数据进行了一个类似的研究，他们的研究表明进口竞争对中国企业的影响同样存在"逃避竞争效应"和"气馁效应"。他们的研究进一步说明由于本国市场进入壁垒的存在导致进口竞争对国有企业的影响不显著，进口竞争对资本密集型企业的影响的"逃避竞争效应"较大。汪建新（2014）的研究使用 29 个省份 2002 年、2005 年、2008 年和 2011 年的 HS6 位编码数据也得出了类似的研究结果。

相对于进口竞争而言，从进口投入品的角度研究企业产品质量升级的文献较多。贝斯和斯特劳斯 – 卡恩（2015）的研究使用中国进出口贸易数据，将加工贸易作为控制组，一般贸易作为处理组，研究投入品进口贸易自由化对企业出口产品质量的影响。他们的研究表明进口贸易自由化促使中国企业进口更高质量的投入品进而促进其出口产品质量的提升。范等（2018）的研究表明，中国投入品进口贸易自由化显著提高了企业出口产品质量的提高，但是这种作用对低生产率企业影响最大，对于那些本来生产率较高的企业，进口关税的削减对他们的影响可能很小。许家云等（2017）使用中国 2000～2007 年工业企业和海关数据的研究表明，进口中间产品显著促进了企业出口产品质量的提高。中间品进口促进企业出口产品质量提升的渠道主要包括："中间产品质量效应""产品种类效应"和"技术溢出效应"。类似的研究还有马述忠和吴国杰（2016）、刘海洋等（2017）、宋跃刚和郑磊（2020）、沈国兵和于欢（2019）、邓国营等（2018）、石小霞和刘东（2019）、李方静（2016）和林正静（2019），虽然这些学者的研究侧重点不同，但是他们的研究都表明进口投入品显著促进了中国企业出口产品质量的提升。

综上所述，从进口竞争的视角来看，其对出口产品质量有两种影响，根据企业距离世界质量前沿距离的不同而不同，这两种作用与前面提到的进口竞争对企业生产率的影响类似。进口竞争对本身质量水平较低的企业的负面作用较大，对本身质量水平较高的企业的正面作用较大。从进口投入品的视角来看，学者们得出的结论基本一致，即企业进口中间投入品会显著提升其出口产品质量。

2.3.4 进口贸易对出口技术复杂度的影响

（1）出口技术复杂度的内涵。

出口复杂度最早源于米迦勒（Michaely，1984）提出的贸易专业化指标（trade specialization indicator，TSI）。该指标假设一种出口产品所包含的技术水平与这种产品出口国的人均收入水平相关，则某种产品出口复杂度是全球所有出口这种产品出口国人均收入水平的加权平均值，加权权重为各个国家出口这种产品占全球总出口的比重。豪斯曼等（Hausmann et al.，2007）在米迦勒（1984）的基础上，对该指标进行了改进，将 TSI 指标中的加权比重由绝对比重改成相对比重，实际上是按照国家出口的显性比较优势作为加权权重。随后，出口复杂度的概念被广泛推广和使用，出口复杂度指标被用来衡量出口产品、行业、地区或国家出口中的技术含量，出口复杂度越高则说明出口产品中内嵌的技术水平越高。

出口技术复杂度指标的最大优势在于无须具体的研发（R&D）投入数据，只需要利用产品出口国的人均收入水平，就可以度量产品层面的技术含量。从理论上来讲，衡量产品技术复杂度应该使用产品中包含的 R&D 投入量，但是由于产品层面、行业层面和亚行业层面的 R&D 数据难以统计和度量，导致这种方法无法使用和推广（Lall et al.，2006）。从不同的分析层面来看，可以将出口复杂度分为三类：国家（或区域）层面、行业层次、产品层次。国家（或区域）层面出口技术复杂度衡量了一国或地区出口产品技术和资本禀赋以及出口商品结构。行业层面的出口技术复杂度衡量了该出口行业的技术水平和国际分工地位的高低。产品层面的出口技术复杂度又可以分为两类：产品间的出口技术复杂度和产品内的出口技术复杂度。产品间的出口技术复杂度反映的是不同出口产品的种类，产品内的出口技术复杂度反映的则是出口产品质量的区别（黄永明和张文洁，2012）。

（2）进口贸易与出口技术复杂度升级。

现有研究来看，关注于进口贸易与出口技术复杂度的研究较少，主要集中在中文文献中。盛斌和毛其淋（2017）研究了进口贸易自由化对企业出口技术复杂度升级的影响，他们将进口贸易自由化分为进口最终品自由化和进口中间品自由化。他们的结果说明进口贸易自由化显著促进了企业出口技术复杂度的提高，且中间品进口贸易自由化的作用更大。其中，研发创新、竞争效应和中间品种类效应是进口贸易自由化促进企业出口技术复杂度的指标。齐俊妍和吕建辉（2016）、周记顺和洪小羽（2021）和李小平等（2021）研究也表明进口中间品会显著促进出口技术复杂度的提升，但是进口中间品对出口技术复杂度的提升具有一定的异质性，研发创新是进口中间品影响出口技术复杂度的重要渠道。

还有另外一篇文献研究了全球价值链嵌入对出口技术复杂度的影响。刘维林等（2014）的研究使用中国制造业行业面板数据研究了国外附加值率对出口技术复杂度升级的影响。他们的研究表明，中国制造业通过融入全球价值链而获得的中间产品显著促进了出口技术复杂度的提高。但是相对于原材料和中间产品投入，外国服务投入对制造业出口技术复杂度的提升作用更大。王思语和郑乐凯（2019）、刘会政和朱光（2019）、刘琳和盛斌（2017）、李慧娟和蔡伟宏（2017）、邱斌等（2012）也都进行了类似的研究，他们的研究都表明参与全球价值链不同程度地促进了中国制造业出口技术复杂度的提高，但是在行业、进口来源等方面具有较大的异质性。

2.3.5　进口投入品垂直溢出的相关研究

当前关于进口投入品垂直溢出的研究较少。布莱洛克和韦洛佐（Blalock & Veloso，2007）的研究使用了印度尼西亚的企业数据，研究发现下游企业的进口对上游企业生产率的影响（后向溢出效应），他们发现进口的后向溢出效应显著促进了企业生产率增长。梅里维德和西奥多拉科普洛斯（Merlevede & Theodorakopoulos，2021）使用2000～2014年欧盟19个国家的企业数据，研究发现中间品进口的前向和后向溢出对企业生产率都没有显著影响。本书认为这可能是由于欧盟内部国与国之间的经济联系紧密，单一国家内部并不具有完整的内循环产业链，导致进口投入品的垂直溢出效应不显著。从这个角度来说，中国这样一个具备完整工业体系的大国可能是研究进口投入品垂直溢出效应的绝好例子。梅里维德和米歇尔（Merlevede & Michel，2020）的研究表明下游进口显著降低了上游企业的就业人数。

从国内研究来看，谷克鉴等（2020）和江小敏等（2020）的研究涉及到了进口投入品的垂直溢出，但是他们的研究浅尝辄止，垂直溢出效应仅仅是其文章中的一小部分。谷克鉴等（2020）使用上市公司数据和世界投入产出表的研究发现进口生产性投入品的垂直溢出显著促进了企业生产率的增长。江小敏等（2020）的研究使用海关数据和中国工业企业数据，发现进口产品质量的垂直溢出显著促进了中国制造业企业出口附加值的提高。谷克鉴等（2020）和江小敏等（2020）的一个共同点在于他们都是使用制造业企业数据和海关数据的直接匹配结果进行加总，进而计算投入品进口的垂直溢出。对于进口投入品垂直溢出这样一个行业变量，最好的选择是尽可能包括行业中的大部分样本数据，但是他们研究中使用的数据大概只能占到海关数据中直接进口数据的 20%~40%（见本书第 3 章）。

2.4　简 要 评 述

从最初的宏观研究开始，进口贸易对东道国技术进步的影响就一直备受学者们的关注。国家和行业层面的研究从理论和实证上证实了进口贸易的技术溢出效应对东道国经济增长和技术进步的促进作用，但是这些研究关注于宏观层面，无法解释其微观机制，即进口产品能否促进企业的技术进步及其影响机制。另外，宏观层面的研究忽视了经济中大部分企业并不直接进口的典型事实，无法解释那些非进口企业如何受到进口技术溢出的影响。

随着异质性贸易理论的兴起，越来越多的研究开始关注进口贸易技术溢出对企业行为的影响。从当前研究来看，有关进口贸易对企业行为的影响主要分为两支：进口竞争的影响和进口投入品的影响。在进口投入品的相关研究中，学者们关注的主要是直接进口企业的进口行为对其自身生产率水平和出口的影响，很少有文献关注到了进口投入品产生的企业间的溢出效应。

有少部分研究（Amiti & Konings，2007；盛斌和毛其淋，2017）涉及到了进口投入品在企业间的溢出效应，但是这类研究多是从投入品进口贸易自由化的角度，研究了行业进口投入品对行业内企业的影响，这属于一种横向溢出效应，忽视了进口投入品的跨行业溢出效应。

当前关于进口投入品的跨行业溢出效应研究较为缺乏，尚不清楚进口投入品的跨行业溢出如何影响企业行为以及这种影响发生的微观机制，而且缺乏在中国情境下的系统研究。因此，本书主要研究进口投入品垂直溢出对企业出口规模增长、企业出口产品质量升级和企业出口技术复杂度升级的影响，试图通过理论和实证分析相结合，厘清进口投入品垂直溢出对企业出口升级的影响及其机制。

第3章 进口投入品垂直溢出影响 企业出口升级的机制分析

本章在第2章理论基础与文献综述的基础上，分析了进口投入品前向溢出和后向溢出对企业出口升级影响的潜在机制。进口投入品的前向溢出，即国内上游行业进口投入品对国内下游企业产生的影响，其影响机制主要包括：技术溢出效应、质量提升效应和成本下降效应。进口投入品的后向溢出，即国内下游行业进口投入品对国内上游企业的影响，其影响机制主要包括：市场竞争效应、逆向学习效应和产业链配套升级效应。具体的影响机制路径图，如图3-1所示。

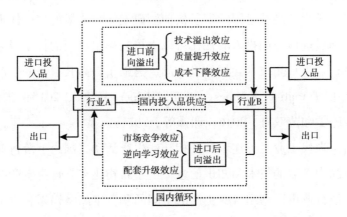

图3-1 进口投入品垂直溢出影响企业出口升级的潜在机制

资料来源：作者绘制。

3.1 进口投入品前向溢出对企业出口升级的影响

3.1.1 技术溢出效应

进口投入品的前向溢出可以通过技术溢出促进下游企业出口升级。国内上游行业将从进口外国投入品中获取的技术和知识，通过自身生产的国内投入品向下游企业扩散，即为进口投入品前向溢出的技术溢出效应。技术溢出的根源在于技术和知识的非竞争性和非排他性，非技术创造者能够从某种产品中获得先进技术的使用权，但这并不妨碍其他人同样也使用这项技术；而技术或知识的创造者难以阻止他人在不经授权的情况下使用此种技术，即使技术创造者对使用该项技术收费，其费用往往也小于使用技术的真实收益。从宏观上来看，国际贸易是国际技术溢出最重要的渠道之一，由于产品是物化了的技术成果，进口产品就是国际贸易伙伴国研发活动成果的集中体现。进口企业通过进口外国投入品往往可以直接共享出口国的技术成果。国内上游行业进口高技术含量的投入品，有助于提高其自身的生产率和技术水平（Amiti & Konings，2007；Halpern et al.，2015；张杰等，2015；陈雯和苗双有，2016；谢谦等，2021）。

由于现代工业是一连串环环相扣的生产活动，国内上游行业从进口投入品中获取的技术和知识信息，会重新物化在其自身生产的产品中。上游行业可以利用自身生产的中间品和资本品将知识和技术要素传播到下游企业（Keller，2002；苏丹妮等，2019）。这种技术溢出效应降低了下游企业技术吸收、改进和技术创新的门槛。因为直接进口外国投入品需要付出额外的物流、汇率和供应链管理成本等，而国内下游企业通过购买国内上游供应商生产的投入品可以间接接触外国的技术成果。同时，技术吸收和转化本身就存在一定的门槛，如果技术距离差距过大，则无法有效利用投入品的技术信息，而国内上游供应商通过吸收和利用外国技术后，生产和改进的投入品更加本土化，更符合国内企业的需求，从而降低了下游企业直接进口外国产品"水土不服"的风险。

另外，国内中间品和资本品的供应过程，不仅仅是新技术、新工艺的应用，同时也伴随着管理经验的传播，以及技术和管理人员的流动。这种自上而下的技术、信息、经验的传播可以促进下游企业生产率和技术水平的提高。根据异质性企业贸易理论，生产率是企业出口最重要的影响因素，只有当企业生产率达到一定门槛，企业才有可能参与出口。同样，企业出口产品质量和产品技术复杂度的提高也必须以企业生产率和技术水平为基础。因此，技术溢出效应是进口投入品前向溢出促进企业出口升级的重要渠道。

3.1.2　质量提升效应

上游行业可以通过使用高质量的外国投入品生产出更高质量的国内投入品供其国内下游企业使用，进而推动下游企业生产率提升和出口升级，即为进口投入品前向溢出的质量提升效应。上游行业进口高质量的投入品可以提高其生产率和产品质量（张杰等，2015；郑亚莉等，2017；许家云等，2017），增强上游企业的竞争力，进而扩大国内市场份额。比如，布莱洛克和韦洛佐（Blalock & Veloso，2007）的研究中一个简单的例子：如果外国供应商产品的公差较小，那么发动机生产商就可能会引进国外的发动机组，这样可以在更严格的公差控制下，加快发动机组装速度进而提高生产率水平。许家云等（2017）的研究证实了进口外国中间产品的质量水平越高，则中国制造业企业出口产品质量越高。只要上游供应商没有把所有的产品都用于外销，那么国内下游企业就可以从国内上游供应商的进口行为中获益。

进口投入品前向溢出的质量提升效应会对下游企业产生两种作用。其一就是直接的生产促进作用，国内上游行业供应给下游企业的投入品质量提高，会促进国内下游企业的生产率水平提高，下游企业达到出口的生产率门槛的可能性就会增加，进而促进企业出口。同时，由于使用了更高质量水平的国内投入品，所以下游企业生产的产品质量也会相应得到提高，且这种作用会比技术溢出效应更加直接，因为对技术的吸收和利用需要一定的门槛（张杰等，2015）。例如，一家皮鞋生产商，即使不设计新款皮鞋，只要上游供应商提供的牛皮延展性更好，就可以生产出更舒适、质量更高的皮鞋（Blalock & Veloso，2007）。

质量提升效应的另一个作用是促进企业创新。即使不考虑投入品带来的技术溢出效应，上游行业提供更高质量的投入品也会使下游企业技术创新的门槛和难度降低。具体来说表现为其与企业研发投入之间形成互补效应和替代效应（魏浩和林薛栋，2017）。互补效应一方面是指高技术水平和高质量的投入品的使用，必须有相互配套的生产环节，企业必须提高自身的技术水平才能有效利用更高技术和质量的投入品；另一方面是指企业技术升级的前提可能是上游供应商提供的投入品必须达到一定的质量水平，否则技术升级无法实现。替代效应是指企业通过自主创新或者购买高品质的投入品都可以实现自身生产率的提高，所以二者之间存在相互替代的可能性。

综合来看，上游行业进口投入品提高了自身产品质量水平，再将自身生产的中间品或资本品供应给国内下游企业，一方面可以提升下游企业的生产率水平和产品质量，另一方面也会促进下游企业提高研发投入，最终促进下游企业出口升级。

3.1.3 成本下降效应

国内上游行业进口投入品可以降低国内下游企业的生产成本，从而有利于下游企业出口，即进口投入品前向溢出的成本下降效应。改革开放以来，中国的下游行业已经基本实现自由竞争，但是上游行业依然存在较强的垄断，市场机制无法较好地发挥资源配置功能（王永进和施炳展，2014），导致下游企业生产成本较高。中国企业进口外国投入品的一个重要原因就在于寻求低成本的投入品。低成本的外国投入品进入中国市场后，有利于激活国内上游行业竞争，刺激国内投入品价格下降，从而降低国内下游企业生产成本。生产成本的下降一方面有利于直接降低下游企业产品价格，使中国产品在国际市场上更具竞争力，促进企业出口增长；另一方面会降低企业的资金占用，为下游企业留存更多利润和创新资本，促进企业研发创新，进而有利于企业出口产品质量和产品技术水平升级。

上游行业进口外国投入品同样也会带来国内投入品市场的创新，进而降低国内下游企业的生产成本。戈德堡等（Goldberg et al.，2010）的研究表明中间品进口促进了国内产品市场的创新，中间品关税下降带来了31%的国内产品创新增长。张杰（2015）的研究表明，通过一般贸易进口中间产品和资本品对企业的发明、实用新型和外观设计这三种专利产生不同程度的促进作用。上游企业为了抢占国内市场，往往会通过进口外国投入品来进行产品研发，为国内下游企业提供更多种类的投入品。国内投入品市场的创新会降低下游企业的生产成本。另外，由于投入品使用的不完全替代性，新的投入品被生产出来后，会增加下游企业可选择的生产投入组合。更多的选择和资源的优化配置使下游企业的生产效率提高（Halpern et al.，2015），进而促进企业出口。

3.2 进口投入品后向溢出对企业出口升级的影响

3.2.1 市场竞争效应

进口投入品的后向溢出，是指下游行业进口投入品对上游行业的影响，即进口竞争。一般来说，国内上游行业通过国内供应链向下游行业提供投入品，而当下游行业从国外进口投入品时，首先会给上游行业带来的影响就是加剧了国内市场的竞争，即市场竞争效应。市场竞争效应可能会给企业带来两种影响：一是"熊彼特效应"，二是"逃避竞争效应"（Shu & Steinwender，2019）。从"熊彼特效应"来看，它认为进口竞争对企业绩效有负面影响。由贸易自由化带来的进口扩大，会加剧国内市场的竞争，侵蚀国内企业的利润和市场份额，降低国内企业的存活概率，并进一步抑制企业出口。简泽等（2014）的研究表明，进口竞争对企业生产率的影响与企业的初始生产率水平相关。其中，对低效率企业而言，进口竞争负向的规模效应超过了正向的激励效应，阻碍了低效率企业的生产率增长，可能导致其市场份额进一步缩小。

"逃避竞争效应"认为进口竞争会导致国内企业加大研发投入，提高国内企业的生产率水平，促进企业创新（Amiti & Konings，

2007；余淼杰，2010；Shu & Steinwender，2019）。一般来说，当竞争企业处在技术前沿时，企业进行研发创新和技术升级的难度较小，而技术创新可以提高企业竞争力，获取更大的市场份额和利润，此时市场竞争效应中的"逃避竞争效应"占主导地位（Aghion et al.，2005）。

综合来看，市场竞争效应对企业的影响既有正面也有负面，尚不能确定进口投入品后向溢出带来的市场竞争效应对企业的影响结果，其最终效果取决于"熊彼特效应"的负面冲击和"逃避竞争效应"的正面促进作用孰强孰弱，而这取决于地区、行业和企业异质性（Shu & Steinwender，2019）。

3.2.2 逆向学习效应

国内下游行业进口投入品为上游企业提供了学习外国产品技术的机会，即为进口投入品后向溢出的逆向学习效应。对于发展中国家而言，下游行业对高质量、高技术的投入品需求很难从国内上游供应商得到满足（张杰等，2015），下游行业会进口外国投入品，这虽然带来了市场竞争效应，但是同时也为上游企业提供了接触外国技术的机会。通常情况下，新技术和新产品的开发具有较大的不确定性，决策者事前很难了解新技术和新产品的研发成本和市场需求，但是对于模仿活动而言并不存在这种不确定性。上游企业可以通过逆向的模仿学习，迅速地掌握更先进的产品技术和生产工艺。逆向工程旨在拆分和研究产品、掌握其中的技术难点和生产工艺然后重新制造。对于发展中国家的模仿企业而言，这种过程和技术发明的效果类似，但是模仿活动的成本更低。下游行业进口投入品给上游企业创造了学习的机会，使得上游企业可以通过低成本的模仿和学习，促进上游行业的技术和产品升级，最终推动上游企业出口升级。

另外，事实上国内下游企业更愿意选择国内上游供应商，所以当下游企业在获得外国投入品后，可能会积极地为上游企业提供先进的技术和质量等方面的信息，努力培育国内供应商，以规避由进口带来的物流成本和汇率风险（Blalock & Veloso，2007）。且下游企业可以通过自身实际使用外国投入品的情况向上游企业反馈更多的产品信息和技术细节，促进上游企业的技术和产品升级，以更好地满足其自身对投入品的需求，这可以进一步降低上游企业模仿和技术研发的难度。最终，上游行业通过对外国投入品生产技术、产品质量和生产工艺的学习和模仿提高了自身的竞争力，从而进一步促进其出口升级。

3.2.3　产业链配套升级效应

随着工业经济的发展，当前工业产品的生产工艺越来越复杂，一件工业制成品涉及众多的零部件和机器设备。如果不同中间品和机器设备之间的质量和技术水平不匹配，往往会导致企业的投资效率低下甚至失败（戴翔和金碚，2013；沈国兵和于欢）。因此，当国内下游行业进口了高质量和高技术水平的外国投入品，必然会要求其他配套的中间品和资本品的质量和技术水平也相应提高。

通过自下而上的反馈机制，国内下游行业会向国内上游供应商提出制造工艺、规格参数、生产流程方面的要求（苏丹妮等，2019）。上游企业要想满足下游客户的要求，就必须进行相应的研发和升级。这种自下而上的需求倒逼机制，可以促进上游行业技术改进和技术研发，提升企业的生产率水平，促使企业的产品创新，进而促进企业出口升级。

3.3　本章小结

本章主要分析了进口投入品垂直溢出影响企业出口升级的潜在机制。其中，前向溢出的作用主要包括：技术溢出效应、质量提升效应和成本下降效应。技术溢出效应认为上游行业进口投入品后，可以将外国投入品中的先进技术向下游企业传递，进而促进下游企业技术升级和出口升级。质量提升效应主要是指国内上游行业进口投入品，可以提高其供应给下游企业的投入品的产品质量，进而促进下游企业生产率水平和出口升级。成本下降效应主要认为上游行业进口投入品可以激活国内上游行业的竞争，降低下游企业的生产成本，进而促进企业出口。

进口投入品的后向溢出对企业出口升级的影响机制主要包括：市场竞争效应、逆向学习效应和产业链配套升级效应。市场竞争效应主要认为，下游行业进口的外国投入品会与上游企业产生竞争关系，市场竞争效应又可能会产生两种作用："熊彼特效应"和"逃避竞争效应"。"熊彼特效应"是指上游企业面临市场竞争后，由于自身竞争力较差，导致利润和市场份额下降，并进一步抑制了企业出口。"逃避竞争效应"是指企业在竞争中进一步加大研发投入和技术创新，提高了自身的竞争力，最终逃避了竞争，进而促进企业出口升级。逆向学习效应认为，下游行业进口外国投入品给上游企业带来了接触外国先进技术的机会，促进了上游企业的技术创新，进而促进企业出口升级。产业链配套升级效应是指下游行业进口外国投入品的同时，也需要国内上游供应商提供更高技术水平或更高质量的配套中间品，这会倒逼上游企业的技术升级，进而促进企业出口。

第4章 数据处理与进口投入品的典型特征事实分析

本章主要介绍了计算进口投入品垂直溢出的方法,并对进口投入品垂直溢出的典型特征事实进行了分析。首先,对以往研究中常用的进口产品所属行业和本书中的进口企业所属行业进行了区分,详细解释了这两者之间的区别。其次,详细介绍了识别海关数据库中记录企业的所属行业信息的方法,并呈现了每一步识别的结果。再次,借鉴布莱洛克和韦洛佐(Blalock & Veloso,2007)和李磊等(2018)的研究计算了进口投入品垂直溢出指标。最后,对进口投入品垂直溢出的典型特征事实进行了分析。

4.1 进口产品所属行业与进口企业所属行业的区分

本书的主要目的是研究进口投入品垂直溢出对企业出口升级的影响,投入品垂直溢出分为前向溢出和后向溢出,前向溢出是指上游行业使用进口投入品后对下游行业的影响,后向溢出是指下游行业使用进口投入品对上游行业的影响。其中的关键在于,本书关注的是对进口投入品的使用产生的垂直溢出效应，只有进口投入品的实际使用者才能吸收和利用投入品中的技术和质量水平，进而可以将这些技术和质量信息通过国内投入品市场传递给其上下游产业链上的供应商或客户，产生垂直溢出效应。

想要计算进口投入品的垂直溢出效应，最理想的情况是有每一家企业的进口投入品数据和企业间的交易数据，这样就可以精确识别企业之间的上下游关系，进而得到进口投入品的垂直溢出指标，但是当前中国微观层面的企业统计数据并不满足这种条件。一个可行的方案是将进口投入品进行行业层面的加总，然后通过投入产出表计算行业间的垂直溢出指标，这也是当前关于行业溢出效应研究的通行做法（李磊等，2018）。

为了计算进口投入品垂直溢出指标，本书需要将进口投入品数据按照行业进行加总。本书和以往关于行业层面进口的相关研究都必须用到行业进口总额的概念，但是这其实有较大的差别。首先需要明晰的是，本书是将进口投入品按照进口企业所属行业进行加总，其原因在于本书关注的进口投入品的垂直溢出效应，是由投入品实际使用企业通过国内产业关联产生的，其基础是投入品的使用者。而以往研究中，使用的行业进口总量大多是以产品所属行业进行加总的。以余淼杰（2010）的研究中所使用的进口渗透率为例，进口渗透率是以进口产品所属行业为主体进行加总的。例如，海关 HS 产品编码当中第73 章、第 82 章和第 83 章的所有产品都属于金属制品业（周申，2006），那么只需将所有属于金属制品业的产品进口加总，就可以得到金属制品业的进口渗透率[①]。类似的研究还有魏浩和连慧君（2020）、黄和金姆（Huang & Kim，2019）。

[①] 需要注意的是，属于金属制品业的中间产品并不一定是被金属制品业中的某个企业所进口使用的。

　　魏浩和连慧君（2020）研究了来自美国的进口竞争的垂直溢出效应对中国制造业企业就业的影响。他们首先将同属于某一个行业的所有进口产品进行加总，即可得到国内该行业面临的进口竞争，然后将进口竞争变量与投入产出表结合，即可得到进口竞争的垂直溢出指标。但是必须明确的是，这里的产品进口和使用的主体并不是溢出效应的发生主体。其逻辑是 A 企业进口了由国内 B 企业生产的产品，A 企业的进口产品给 B 企业带来了进口竞争效应，可能会促使 B 企业进行研发投资和产品创新以"逃避竞争"，B 企业也可能会因为无力竞争而退出市场。B 企业的这种行为会影响 C 企业（C 企业可能是 B 企业的客户，也可能是 B 企业的供应商）。从 A 企业到 B 企业是进口竞争的影响，而从 B 企业到 C 企业则是进口竞争影响的垂直溢出效应。由此可见，进口产品的使用主体和溢出效应的发生主体并非同一主体（见图 4-1）。

　　本书研究的是进口投入品的使用在国内上下游产业间产生的溢出效应，所使用的进口数据必须是以使用主体为基础进行加总的①，因为进口投入品的垂直溢出效应必然是通过投入品使用企业产生的。例如，一家服装制造 A 企业，可能需要进口布料、染料和缝纫机，布料属于纺织业、染料属于化学工业，而缝纫机属于专用设备制造业。要研究 A 企业进口投入品对其他企业的溢出效应，就必须首先将 A 企业进口的三种不同投入品进行加总（见图 4-2）。由图 4-2 中可以看到，本书研究的进口投入品垂直溢出效应的投入品使用主体和溢出效应发生主体是同一主体，这与以往研究具有本质上的区别（魏浩和连慧君，2020；Huang & Kim，2019）。

---

　　① 除非另作说明，否则本书提到的进口投入品数据都是在使用主体层面加总的。

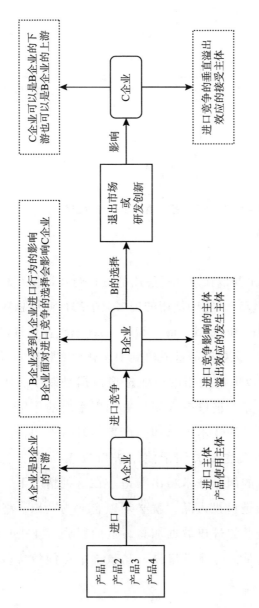

图4-1 进口竞争的垂直溢出效应逻辑关系

资料来源：作者绘制。

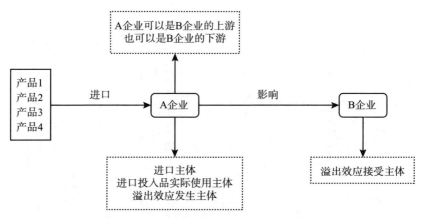

图 4 - 2　进口投入品垂直溢出效应逻辑关系

资料来源：作者绘制。

综上所述，本书与以往研究所使用的进口行业数据在统计口径上具有较大区别。以往研究中使用的进口竞争的行业加总数据（魏浩和连慧君，2020；Huang & Kim，2019），不管产品由谁进口，也不管产品由谁使用，只要产品被进口到中国就会对相应的行业产生进口替代作用，所以他们使用的行业进口数据是以产品所属行业进行加总。但是实际上进口投入品带来的更重要的作用是对投入品实际使用企业产生的技术溢出和生产率提升等作用，而非进口竞争作用，因此本书主要关注于使用进口投入品的垂直溢出效应，这是更加直观的国际技术溢出渠道。在这种情况下，本书需要计算行业层面的进口投入品，就必须以企业为基础，将同属于一个行业的所有企业的进口数据加总，进而得到行业进口投入品数据，本书计算的某一行业进口投入品数据中可能包含多个行业的产品。

4.2 数据处理、行业信息识别与指标计算

4.2.1 数据初步处理

为了获得进口投入品的垂直溢出指标，需要行业层面的进口投入品数据，但是在现有统计数据的可得性之下，并没有针对使用主体进行统计的行业进口投入品数据。要想获取该数据，只有通过微观数据进行加总。从微观数据来看，也没有可以直接使用的数据，比如中国工业企业数据库，它包含企业的所属地区和所属行业以及各类资产负债数据，但是并没有企业进口数据。而海关数据虽然记录了企业进出口数据，但是并不包含企业的行业信息。如果仅仅将中国工业企业数据和海关数据进行匹配，然后按照企业所属行业将进口投入品数据进行加总，那么会损失大量进口样本。最佳的数据加总方案仍然是以海关数据为基础，将海关贸易数据中不同企业的进口数据按照企业所属行业进行加总，但是由于海关数据中并不包含企业的行业信息，那么接下来的第一步就是要识别海关数据中企业的所属行业。

为了识别海关数据中进口企业所属行业信息，本书需要用到 2000 ~ 2014 年的两套大型微观数据库，即中国工业企业数据库和海关贸易数据库。同时由于最终的进口投入品垂直溢出指标是在投入产出数据的基础上计算的，因此本书需要把中国工业企业数据和海关数据的行业与投入产出表数据的行业进行统一。具体的数据处理和行业对齐步骤如下：

（1）当前可用的投入产出表有 2002 年版、2007 年版和 2012 年

版，本书以 2002 年版 122 个行业部门投入产出表为基准，将这三个版本的投入产出表行业统一，最终共包含 66 个制造业行业（行业对齐方法见附录 A）。

（2）由于本书仅关注制造业企业，因此仅保留中国工业企业数据中国民经济行业 CIC2 位码为 13~42 的制造业样本[①]。

（3）首先按照企业名称的关键词删除了所有的贸易中间商样本[②]。其次将中国工业企业数据库中删除的企业样本，按照企业名称匹配至海关数据中，在海关数据中同样删除这些非制造业企业。

（4）根据联合国统计司提供的 HS 编码转换表，将各年份海关数据的 HS 产品编码统一到 HS1996 年版，然后利用周申（2006）和布兰特等（Brandt et al.，2017）给出的对应表[③]，将海关数据中的进出口产品的 HS 编码归并到 2002 年版 CIC 4 位码上。

（5）将工企数据和海关数据中的 CIC 4 位码归并到投入产出表的 66 个制造业之上。这样本书就统一了工企数据中的企业所属行业、海关数据中的产品所属行业和投入产出表中包含的行业。下面，本书利用这些信息识别海关数据中的进口企业所属行业。

4.2.2　进口企业的行业信息识别

本书在具体识别海关数据中的进口企业所属行业信息之前，首先进行以下说明：第一，本书在这里识别行业信息，以及下文计算进口投入品垂直溢出指标所用到的数据，都是上一节中处理后的数据。第

---

① 本书研究中的 66 个制造业行业与 CIC 2 分位行业对照表见附录 B。
② 由于企业间的交易数据不可得，因此无法确定是谁使用了贸易中间商进口的产品，所以最终计算的溢出指标不包含贸易中间商的进口数据。识别贸易中间商的关键词包括：贸易、进出口、进口、出口、外贸、经贸、边贸、商贸等。
③ 布兰特等（2017）给出的 HS 编码与 CIC 4 分位行业对照表，由 The American Economic Review（AER）期刊网站下载得到。

二，为了识别海关数据中进口企业所属行业信息，本书依次进行了 5 个步骤的识别，这五个步骤的准确性是由高到低排序的。每个识别步骤都是在之前步骤未识别出的样本中进行识别，即逐步累加式的识别策略。第三，此处识别的行业信息，都是上文提到的已经统一的投入产出表中的行业，共包含 66 个制造业行业。具体步骤如下：

（1）将工业企业数据按年份匹配至海关数据。因为中国工业企业数据库中本身就包含企业的所属行业信息，这是准确的可用信息，本书按照企业名称将中国工业企业数据库匹配至海关数据库中。例如，在 2000 年，工企数据和海关数据中同时包含 A 企业，那么就将工企数据中 A 企业的行业信息，匹配至海关数据。

（2）将工业企业数据综合匹配至海关数据（不分年份）。在实际的匹配中，可能存在以下情况，即某一企业 A 在 2000 年出现在海关数据中，没有出现在工企数据中，但是在之后的某一年（如 2002 年）出现在工企数据中。出现这种情况的可能原因有两种：①这些企业在 2000 年的销售额没有达到工业企业数据库的统计门槛，被排除在了该数据库之外。②由于工企数据本身的质量问题，出现了数据损失的情况。具体的匹配方式如下：以 2000 年为例，将工企数据中所有年份出现的所有企业名称和相应的行业信息匹配至 2000 年的海关数据。在这一步的识别中，比第一步多识别出了 12733 家海关数据中的进口企业，占 2000 年海关数据中所有进口企业的 28%。由于是按照企业名称进行精确匹配的，而这两套数据库中的企业名称基本都是采用"地区 + 行业信息 + 企业组织"形式的命名方式命名，所以并不存在误配的情况。

（3）使用企业出口产品所属行业进行识别。一般情况下，只要一家 A 企业不是贸易中间商，那么它出口的产品就是自己生产的产品，那么只要能够确定 A 企业出口产品的所属行业，就能确定 A 企业的所属行业。但是，这里有以下几种情况需要注意：第一，企业有可能转换行业，因此在不同的年份，可能会出口不同的产品。第二，企业可能会多元化经营，出口多种行业的产品。出于以上考虑，本书首先统计出海关数据中每一年只出口一种行业产品的企业，然后再将不同年份的数据汇总。如果某一企业在所有的年份中，出口产品所属行业信息相同，即不存在转换行业和多元化的情况时，本书就认定，该进口企业属于其出口产品所属的行业。

（4）使用企业名称关键词识别。如前所述，企业的名称格式是"地区 + 行业信息 + 企业组织"形式，这里的行业信息既可能是企业所属大类行业，也可能是企业的主营产品信息。因此本书使用 2002 年版《国民经济行业分类标准》中行业和产品的关键词进行识别。例如，本书使用以下关键词识别其他饮料制造业的企业：饮料、果汁、饮用水、矿泉水、茶等。只要企业名称当中包含以上关键词，本书就认定该企业属于其他饮料制造业①。

（5）再次使用企业出口产品所属行业进行识别。在第三步识别中，本书严格地限制了使用出口产品所属行业这一信息的标准。在这里稍微放松这一标准，即允许企业可以多元化经营，但是企业的主营产品必须占总出口的 80% 以上，本书才能认定该企业属于该主营产品所属行业。具体来说，假如某一企业出口多种行业的产品，但是在所有年份中，该企业出口其中一种行业的产品的比例都超过总出口的 80%，那么本书就认定该企业属于该行业。然后将识别出的企业名称和行业信息与进口数据匹配。

按照上述五个步骤，本书对海关数据中的进口企业所属行业进行识别（见表 4-1）。在表 4-1 中报告了数据识别的结果。其中，总

---

① 识别行业所用关键词，全部来自 2002 年版《国民经济行业分类标准》。另外，该处识别的行业是本书已经对齐的 66 个制造业行业，关键词目录见附录 C。

企业数是各年份海关数据除去贸易中间商、除去非制造业企业后，仅保留进口样本后的企业总数。表中呈现出了在每一个识别步骤中累计识别出的企业数，括号内是累计识别的企业占总企业数的比重。由表 4－1 可知，本书的识别方法将海关进口数据的有效利用率从 40% 提高到了 92% 左右。

表 4－1　　　　　　　进口企业行业信息识别结果

年份	第一步	第二步	第三步	第四步	第五步	总企业数
2000	13120 (28.9)	25853 (57.1)	35922 (79.3)	39787 (87.9)	40962 (90.5)	45258
2001	14764 (30.4)	28988 (59.7)	39492 (81.3)	43251 (89.1)	44487 (91.6)	48524
2002	16701 (31.5)	32747 (61.8)	43554 (82.2)	47360 (89.4)	48688 (91.9)	52969
2003	18822 (32.4)	37083 (63.8)	48424 (83.4)	52260 (90.0)	53748 (92.5)	58051
2004	27711 (43.9)	42410 (67.2)	53549 (84.8)	56950 (90.2)	58593 (92.8)	63096
2005	36374 (59.5)	42353 (69.2)	52739 (86.2)	55768 (91.2)	57394 (93.9)	61116
2006	30674 (39.1)	51615 (65.8)	65695 (83.8)	70548 (90.0)	72827 (92.9)	78344
2007	29480 (40.7)	48756 (67.4)	60938 (84.2)	64988 (89.8)	66866 (92.4)	72317
2008	35498 (47.5)	50190 (67.1)	62826 (84.0)	66891 (89.5)	68865 (92.1)	74717

续表

年份	第一步	第二步	第三步	第四步	第五步	总企业数
2009	29665 (39.6)	50464 (67.4)	62903 (84.1)	66889 (89.4)	68914 (92.1)	74764
2010	39155 (49.4)	52724 (66.5)	66151 (83.4)	70558 (89.0)	72836 (91.9)	79232
2011	33666 (40.7)	53589 (64.9)	67867 (82.2)	72869 (88.2)	75431 (91.3)	82557
2012	33787 (40.6)	52649 (63.3)	67453 (81.1)	72807 (87.5)	75634 (90.9)	83155
2013	34134 (41.0)	50393 (60.5)	65488 (78.7)	71540 (86.0)	74688 (89.7)	83172
2014	32732 (39.5)	48912 (59.0)	63960 (77.1)	70347 (84.8)	73588 (88.7)	82901

注：括号外的是识别出的企业个数；括号内是识别企业占总企业数的百分比（％）。
资料来源：作者计算。

4.2.3 进口投入品垂直溢出的计算

为了计算进口投入品的垂直溢出，本书首先按照企业所属行业，将海关数据中企业进口投入品加总至行业层面。借鉴布莱洛克和韦洛佐（Blalock & Veloso，2007）和李磊等（2018）的研究，通过投入产出表构建行业间的生产关联①。本书构建以下溢出指标：前向溢出

---

① 在计算2000～2004年的垂直溢出指标时，使用的是2002年的投入产出表；2005～2009年的垂直溢出指标使用的是2007年的投入产出表；2010～2014年的垂直溢出指标使用的是2012年的投入产出表。此处使用的是投入产出表是本书根据流量表已经统一后的包含66个制造业行业的投入产出表。

（FL）和后向溢出（BL）。

前向溢出（FL）的构建方法如下：

$$FL_{jt} = \sum_i input_{ijt} \times import_{it}, \ input_{ijt} = x_{ijt}/Output_{jt} \qquad (4-1)$$

其中，FL_{jt} 是 j 行业在 t 年进口投入品的前向溢出指标。x_{ijt} 是 t 年 j 行业向其上游行业 i 购买的中间品总额。$Output_{jt}$ 是 t 年 j 行业的总产值。因此，$input_{ijt}$ 是 j 行业消耗 i 行业中间投入的直接消耗系数。$import_{it}$ 表示 i 行业在 t 年的投入品进口总额。FL_{jt} 即进口投入品的前向溢出指标，它衡量了 j 行业通过国内产业关联间接接触的上游行业进口投入品总量。

后向溢出（BL）的构建方法如下：

$$BL_{jt} = \sum_k input_{jkt} \times import_{kt}, \ input_{jkt} = x_{jkt}/Output_{kt} \qquad (4-2)$$

其中，BL_{jt} 是 j 行业在 t 年进口投入品的后向溢出指标。x_{jkt} 是 j 行业提供给下游 k 行业的中间品总额，$Output_{kt}$ 是 t 年 k 行业的总产值。$import_{kt}$ 表示 k 行业在 t 年的投入品进口总额。BL_{jt} 即 j 行业进口投入品的后向溢出指标，它衡量了 j 行业通过国内产业关联间接接触的下游行业进口投入品总量。

4.3　中国制造业进口投入品的典型特征事实

本章节对上文识别出的中国进口投入品数据进行详细的描述性分析。首先从总体上把握中国制造业进口投入品的整体发展脉络，然后利用本书计算的进口投入品数据按照行业异质性和进口产品、进口贸易方式等方面考察中国制造业行业进口投入品及其垂直溢出的典型特征事实。

4.3.1 中国制造业进口投入品的总体发展趋势

首先来看中国制造业进口投入品的总体变化趋势，如图 4 - 3 所示，中国进口投入品总量从 2000 年开始快速持续增长，进口总额由 2000 年的 2000 亿美元增长至 2014 年的 1.56 万亿美元，共增长了近 8 倍。其中在 2009 年由于受到国际金融危机的影响，中国进口投入品有较大幅度的下降，进口总额由 9110 亿美元下降至 8250 亿美元，降幅达到 9.4%。此后在 2010 年开始快速回升，进口总额达到 1.16 万亿美元，增幅达到 40.6%。虽然由于经济周期和潜在的生产投入周期导致中国进口投入品的增长率波动较大，但是从总体上来看，中国制造业进口投入品总量增长较快，年平均增长率达到 16.7%。

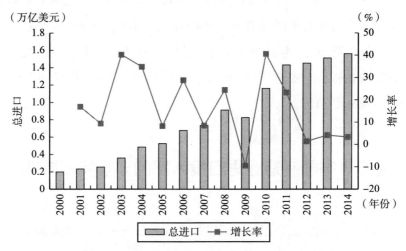

图 4 - 3 中国制造业进口投入品总体变化趋势

资料来源：笔者根据海关数据计算结果绘制。

从产品层面来看，进口投入品主要包括中间品和资本品两种

（见图 4 - 4）。中国进口投入品的中间品份额 0.7 上下波动，最低达到 0.63，而最高达到 0.83。从 2010 年开始，中国中间品进口总额有一个较大幅度的快速增长，2009~2014 年，中国中间品进口总额从5630 亿美元增长至 1.29 万亿美元，增幅达到 129%，而同期的资本品进口却基本维持不变。这说明中国制造业对外国资本品的依赖逐渐降低，中国的加工贸易份额降低可能也是资本品进口下降的原因之一。

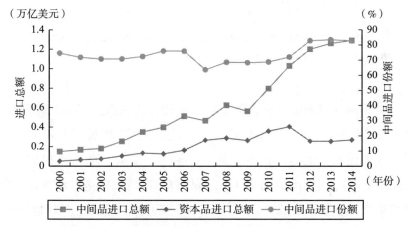

图 4 - 4 中国中间品进口和资本品进口的总体变化趋势

资料来源：笔者根据海关数据计算结果绘制。

一般贸易进口和加工贸易进口的总体变化趋势（见图 4 - 5）。从进口总量来看，在 2008 年之前一般贸易进口和加工贸易进口的总量增长趋势基本相同，但 2011 年之后开始迅速分化，一般贸易进口的增长速度显著大于加工贸易进口。从进口份额来看，一般贸易进口份额占比相对较低，2006 年达到 0.48 的低水平，但 2011 年之后不断扩大，并且在 2011 年达到 0.60 的最大值。

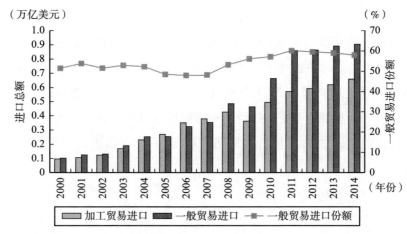

图4-5 中国一般贸易进口和加工贸易进口的总体变化趋势

资料来源：笔者根据海关数据计算结果绘制。

从不同进口来源来看，将进口来源国分为两类：G7 国家进口和非 G7 国家进口。其中，G7 国家进口是指从 G7 成员国进口的投入品，主要包括：美国、日本、英国、德国、法国、意大利和加拿大（见图4-6）。中国制造业从 G7 国家和非 G7 国家的进口总额在考察年份期间均呈现增长趋势，但是从 2003 年开始，增长速度开始分化。中国从非 G7 国家进口投入品在 2003 年之后的增长速度显著大于从 G7 国家的进口。在考察期内，中国制造业从 G7 国家的进口份额在 2002 年达到 0.42 的最大值，随后开始逐渐降低，到 2014 年下降至 0.27，即中国从 G7 国家进口的投入品占进口投入品总额的比例只有 27%。这说明中国对 G7 国家投入品的进口依赖一直在降低，中国制造业进口投入品来源的多元化程度较高。

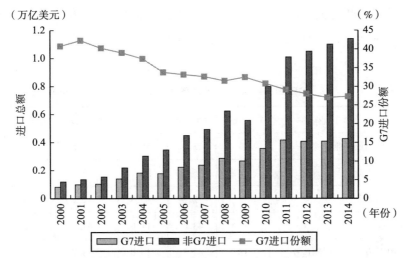

图 4 - 6　中国从 G7 国家进口和非 G7 国家进口的总体变化趋势

资料来源：笔者根据海关数据计算结果绘制。

4.3.2　中国制造业细分行业进口投入品的特征事实分析

本节重点考察中国制造业进口投入品在行业层面的异质性。首先需要说明的是，本节中使用的进口数据即是在本书所识别的进口企业所属行业的基础上加总得来的，本节的进口数据中并不包括贸易中间商的进口数据，因此本书考察的实际上是直接进口数据。由于本书的研究中涉及 65 个制造业行业①，如全部列出则篇幅过大，因此本书将 65 个投入产出表中的制造业行业归并到 28 个中国制造业 2 分位行业上。从总体上来看（见表 4 - 2），中国制造业行业进口投入品在2000 ~ 2014 年增长较大，仅有一个行业的直接进口投入品总额出现下降，有 11 个行业的增幅达到 10 倍以上，有 14 个行业的进口总额

---

　　① 本书在行业识别和行业对照时未删除烟草制品业，但是在描述性统计及后文实证分析中，均不包含烟草制品业。因此在本书的研究中共 65 个制造业行业。

增长在 100 亿美元以上。增长最多的是通信设备、计算机及其他电子设备制造业，其直接进口投入品总额增加了 1875 亿美元。

表 4 – 2 　　　　　　中国制造业行业进口投入品变化情况　　　　单位：亿美元

CIC2 分位行业名称	行业代码	2000 年	2014 年	期末 – 期初	期末/期初
农副食品加工业	13	13.5	255.0	241.5	18.9
食品制造业	14	5.1	32.2	27.1	6.3
饮料制造业	15	2.8	15.3	12.5	5.4
纺织业	17	43.6	111.0	67.4	2.5
纺织服装、鞋、帽制造业	18	47.7	39.0	– 8.7	0.8
皮革、毛皮、羽毛（绒）及其制品业	19	37.9	78.0	40.1	2.1
木材加工及木、竹、藤、棕、草制品业	20	8.7	27.1	18.4	3.1
家具制造业	21	7.7	18.4	10.7	2.4
造纸及纸制品业	22	26.4	143.0	116.6	5.4
印刷业和记录媒介的复制	23	7.4	17.3	9.9	2.3
文教体育用品制造业	24	14.1	47.9	33.8	3.4
石油加工、炼焦及核燃料加工业	25	25.9	1400.0	1374.1	54.1
化学原料及化学制品制造业	26	48.6	510.0	461.4	10.5
医药制造业	27	6.2	64.2	58.1	10.4
化学纤维制造业	28	8.2	90.4	82.2	11.0
橡胶制品业	29	10.9	85.2	74.3	7.8
塑料制品业	30	36.7	153.0	116.3	4.2
非金属矿物制品业	31	10.9	69.0	58.1	6.3

续表

CIC2 分位行业名称	行业代码	2000 年	2014 年	期末 - 期初	期末/期初
黑色金属冶炼及压延加工业	32	20.5	293.0	272.5	14.3
有色金属冶炼及压延加工业	33	18.4	254.0	235.6	13.8
金属制品业	34	36.0	115.0	79.0	3.2
通用设备制造业	35	30.2	223.0	192.8	7.4
专用设备制造业	36	16.1	167.0	150.9	10.4
交通运输设备制造业	37	49.1	823.0	773.9	16.8
电气机械及器材制造业	39	76.8	401.0	324.2	5.2
通信设备、计算机及其他电子设备制造业	40	355.0	2230.0	1875.0	6.3
仪器仪表及文化、办公用机械制造业	41	36.2	208.0	171.8	5.7
工艺品及其他制造业	42	13.9	206.0	192.1	14.8

资料来源：笔者根据海关数据计算。

本书借鉴经济合作与发展组织（OECD）的行业分类与高洪成和王琳（2012）的研究将中国制造业行业按照技术密集度分为三类：低技术行业、中技术行业和高技术行业。低技术行业和高技术行业进口投入品均快速增长（见图 4-7）；其中，低技术行业进口投入品由 2000 年的 321 亿美元增长至 2014 年的 3850 亿美元，增长了将近 12 倍；高技术行业进口投入品由 2000 年的 533 亿美元增长至 2014 年的 3910 亿美元，增长了 7 倍。与之相对比，中技术行业进口投入品在考察期内几乎没有增长，中等技术行业在 2000 年的进口总额为 160 亿美元，到 2014 年的进口总额为 321 亿美元，在 14 年间仅仅增长一倍。

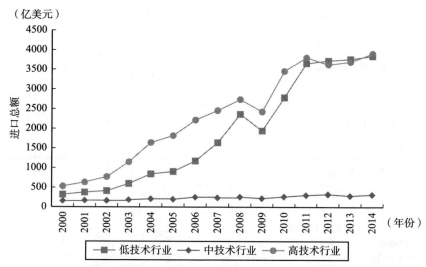

图 4-7 中国制造业行业按照技术水平分类的进口投入品总额变化趋势
资料来源：笔者根据海关数据计算结果绘制。

接下来，作为对比和参照，借鉴韩燕和钱春海（2008），本书按照行业的要素投入密集度将中国制造业行业区分为资源密集型、劳动密集型和资本密集型，并进一步考察其进口变化趋势。中国制造业进口投入品增长主要是由资本密集型行业进口增长驱动（见图 4-8）。资本密集型行业的进口投入品由 2000 年的 756 亿美元增长至 2014 年的 7070 亿美元，共增长 8.3 倍。而资源型行业和劳动密集型行业进口投入品总量较低，其中资源密集型行业 14 年间增长了 8.2 倍，而劳动密集型行业进口投入品在 14 年间仅增长了 1.9 倍。由此可见资源密集型和资本密集型行业的增长趋势基本相同，而劳动密集型行业进口投入品的增幅较小。

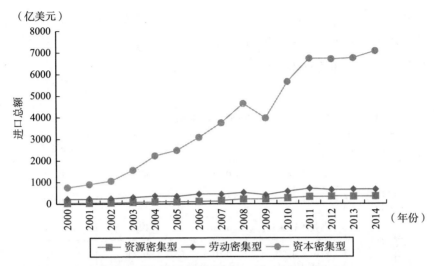

图 4 - 8　中国制造业行业按照要素密集度分类的进口投入品总额变化趋势

资料来源：笔者根据海关数据计算结果绘制。

　　接下来，本书关注的是不同行业进口结构的问题，本书分别计算了所有行业的进口中间品份额、加工贸易进口份额和 G7 国家进口份额，并对同行业的不同年份做了取均值处理，本书将这一结果呈现如表 4 - 3 所示。从进口中间品份额来看，不管是低技术行业和中技术行业还是资源密集型和劳动密集型行业，其进口中间品份额都在0.85 以上。而高技术行业和资本密集型的进口中间品份额分别为0.56 和 0.68。这说明中国制造业行业中的高技术行业和资本密集型行业进口投入品中的资本品份额较大，对外国资本品的依赖程度较大。从加工贸易进口投入品份额来看，低技术行业和资源密集型行业的加工贸易进口份额明显低于其他行业。按照技术水平分类的中技术行业的加工贸易进口比例最高，达到 0.75，而按照要素密集度分类的劳动密集型和资本密集型行业的加工贸易份额在 0.60 左右。综合来看，中国制造业的加工贸易份额主要集中在中技术行业和劳动密集型行业，这与一般文献的研究结果基本一致。从进口来源国的视角来看，不同行业从 G7 国家进口的份额差别不大，基本维持在 30% ~ 40%，这与前面的总体结果一致。

表 4 - 3 分行业进口结构

行业分类方法	行业名称	中间品份额	加工贸易份额	G7 国家份额
按照技术 水平分类	低技术行业	0.88	0.35	0.31
	中技术行业	0.89	0.75	0.37
	高技术行业	0.56	0.68	0.41
按照要素 密集度分类	资源密集型	0.91	0.23	0.39
	劳动密集型	0.86	0.60	0.40
	资本密集型	0.68	0.57	0.35

资料来源：笔者根据海关数据计算。

4.3.3 中国制造业进口投入品垂直溢出的特征事实分析

本书使用上文统计得到的行业进口投入品数据与制造业投入产出表相结合，按照式（4 - 1）和式（4 - 2）的方法计算出中国制造业进口投入品的前向溢出和后向溢出。表 4 - 4 呈现了中国制造业进口投入品垂直溢出的主要变化情况，其中的总值变化是指特定行业进口投入品垂直溢出的期末值与期初值的差，即 2000 ~ 2014 年变化总值；表 4 - 4 中"与直接进口的比值"表示特定行业的前向溢出或后向溢出与其行业自身直接进口投入品总额比值的历年均值，衡量了垂直溢出对特定行业的相对重要性。

由表 4 - 4 中所列示信息可知，在所有制造业行业中，进口投入品的前向溢出和后向溢出都实现了正向的增长。但是不同行业之间的变化情况差异较大，从前向溢出来看，纺织业在考察期内的前向溢出仅增长了 8.81 亿美元，而仪器仪表及文化、办公用机械制造业在考察期内的前向溢出共增长了 1755.00 亿美元。不同行业之间的前向溢出和后向溢出变化情况差距主要取决于其上下游产业结构和自身所处产业链位置相关。

同一行业自身的前向溢出和后向溢出之间也有较大差异。前向溢出衡量的是某一行业其上游行业进口投入品的多少，而后向溢出则表示下游行业进口投入品。因此，对一个特定的制造业行业来说，其自身所处的产业链位置决定了其受到的前向溢出和后向溢出的相对大小。以饮料制造业为例，作为一个相对下游的消费品生产行业，其前向溢出与自身直接进口总额的比值为 3.30，即饮料制造业通过产业链上游行业间接接触的进口投入品总量是其自身直接进口的 3.3 倍，而其后向溢出与直接进口的比值仅为 0.65。作为同样的消费品行业，文教体育用品制造业也表现出了相同的特征，其前向溢出是自身直接进口的1.93 倍，而后向溢出与自身直接进口的比值仅为 0.08（见表 4 - 4）。

表 4 - 4　　　　　　制造业进口投入品垂直溢出的变化情况

CIC2 分位行业名称	行业代码	前向溢出		后向溢出	
		总值变化（亿美元）	与直接进口的比值	总值变化（亿美元）	与直接进口的比值
农副食品加工业	13	36.38	0.30	29.36	0.18
食品制造业	14	14.63	0.66	5.07	0.11
饮料制造业	15	33.65	3.30	13.29	0.65
纺织业	17	8.81	0.94	26.40	0.72
纺织服装、鞋、帽制造业	18	92.00	0.49	50.80	0.13
皮革、毛皮、羽毛（绒）及其制品业	19	28.57	0.20	8.78	0.11

续表

CIC2 分位行业名称	行业代码	前向溢出		后向溢出	
		总值变化（亿美元）	与直接进口的比值	总值变化（亿美元）	与直接进口的比值
木材加工及木、竹、藤、棕、草制品业	20	12.32	0.81	7.72	0.83
家具制造业	21	22.53	1.88	20.04	0.18
造纸及纸制品业	22	35.12	0.14	3.61	0.36
印刷业和记录媒介的复制	23	22.06	3.60	28.70	0.43
文教体育用品制造业	24	64.10	1.93	3.04	0.08
石油加工、炼焦及核燃料加工业	25	56.50	0.07	6.45	0.33
化学原料及化学制品制造业	26	14.38	1.27	99.70	0.99
医药制造业	27	888.30	0.46	377.30	0.04
化学纤维制造业	28	16.43	0.90	3.21	0.31
橡胶制品业	29	146.58	0.70	25.51	0.46
塑料制品业	30	72.67	0.44	41.85	0.88
非金属矿物制品业	31	73.65	4.34	107.00	1.78
黑色金属冶炼及压延加工业	32	380.00	0.29	76.20	1.06
有色金属冶炼及压延加工业	33	61.61	0.53	187.30	1.45
金属制品业	34	137.48	0.51	301.20	0.85
通用设备制造业	35	76.25	1.20	86.60	0.56
专用设备制造业	36	284.80	1.22	108.10	0.16
交通运输设备制造业	37	200.50	0.55	28.61	0.05
电气机械及器材制造业	39	275.50	0.84	6.95	0.38
通信设备、计算机及其他电子设备制造业	40	399.30	0.71	152.40	0.27

续表

CIC2 分位行业名称	行业代码	前向溢出		后向溢出	
		总值变化（亿美元）	与直接进口的比值	总值变化（亿美元）	与直接进口的比值
仪器仪表及文化、办公用机械制造业	41	1755.00	2.86	476.60	0.12
工艺品及其他制造业	42	610.40	0.93	21.67	0.27

资料来源：笔者根据海关数据计算。

　　一般来说，某一行业的产出只有两种用途，一是作为中间品供其他行业投入再生产，二是作为最终品直接使用。如果某个行业的产品主要作为中间品供其他行业使用，那么该行业就处在产业链的前端（例如，金属制品业）；如果某个行业的产品主要作为最终产品供消费使用，那么该行业就处在产业链的末端（例如，饮料制造业）[①]。

　　为了进一步考察行业的产业链位置与进口投入品垂直溢出之间的关系，本书将 66 个制造业行业按照其自身所处产业链位置划分为前端行业、中端行业和末端行业三个类别[②]。不同行业的前向溢出和后向溢出差距较大。其中，前端行业的后向溢出最大，在 2014 年达到 2050 亿美元，而末端行业的前向溢出最大，在 2014 年达到 2920 亿美元。这说明前端行业主要通过下游客户的进口投入品行为间接接触外国产品，而末端行业主要通过上游供应商间接接触外国投入品

　　[①]　在价值链的相关研究中（唐宜红和张鹏杨，2018），在区分某一行业所处产业链位置时，一般使用的是上游和下游，或者上游环节和下游环节。但是此处的上游和下游容易与本书的上游行业进口和下游行业进口产生混淆。因此，本书在区分某一行业所处产业链的位置时，没有使用惯用的上游和下游，而采用了前端和末端。

　　[②]　本书将投入产出表中各行业供给其他行业（不包括其自身）的中间品加总，并与其自身总产出相比，计算出各行业的总产出中的中间品比例。并将中间品比例从大到小进行排序，将排序前 1/3 的行业列为前端行业，中间 1/3 为中端行业，后 1/3 为末端行业，并在此基础上分别将不同行业的前向溢出和后向溢出加总。

（见图 4 - 9、图 4 - 10）。

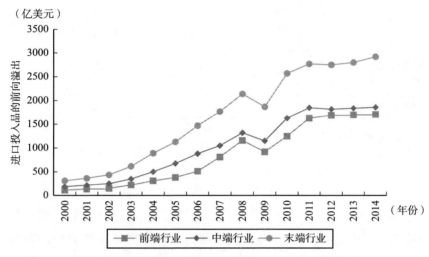

图 4 - 9　中国不同行业进口投入品前向溢出的变化情况

资料来源：笔者根据海关数据计算结果绘制。

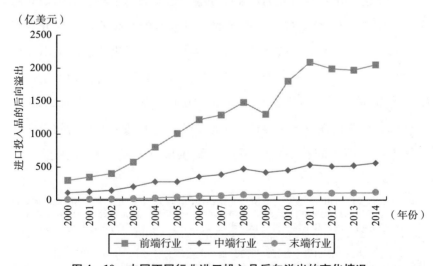

图 4 - 10　中国不同行业进口投入品后向溢出的变化情况

资料来源：笔者根据海关数据计算结果绘制。

4.4 本章小结

本章在第4.1节对进口产品所属行业和进口企业所属行业进行了区分。简单概括来说，以往研究中常用的进口产品所属行业，不管产品由谁进口也不管产品由谁使用，只要外国产品被进口到国内，即认为给国内生产这种产品的企业带来了进口竞争，因此这种行业进口是按照产品所属行业进行加总。本书中使用的是进口企业所属行业，本书关注的进口投入品的垂直溢出效应是进口企业进口并使用外国投入品后，对产业链上下游企业产生的溢出效应，因此本书在统计行业进口总额时，是以进口企业所属行业进行加总。

本章在第4.2节中介绍了识别海关数据中进口企业所属行业信息的方法和结果。本书首先将中国工业企业数据库、海关数据库和中国投入产出表数据的行业对齐，其次共使用五个逐步累加式的步骤，识别了海关数据中90%的直接进口企业。

本章第4.3节对进口投入品的典型特征事实进行了分析，主要发现以下结论：首先，从总体上看，中国进口投入品总额增长速度较快，在2000～2014年间年平均增长率达到16.7%。分产品看，中国进口投入品以中间产品为主。分进口贸易方式看，中国通过一般贸易和加工贸易进口的投入品份额基本相当。分进口来源国看，中国进口投入品对G7联盟国家的依赖在逐年下降。

其次，从分行业直接进口投入品总额来看。进口投入品总额增长最大的是低技术和高技术行业。从要素密集度来看，资本密集型行业的直接进口投入品增长最大。从进口产品结构来看，高技术行业和资本密集型行业对外国资本品的依赖较大。从贸易方式来看，低技术行业和资源密集型行业对加工贸易进口方式的依赖最小；中技术行业和高技术行业以及劳动密集型行业和资本密集型行业的加工贸易进口份额均在 0.55 以上。其中，中等技术行业的加工贸易进口份额最高，达到 0.75。

最后，从行业进口投入品垂直溢出来看。所有制造业行业的进口投入品前向溢出和后向溢出均实现了正增长。从垂直溢出与其自身进口的比重来看，进口投入品的前向溢出对非金属矿物制造业影响最大，对石油加工、炼焦及核燃料加工业影响最小；进口投入品的后向溢出对非金属矿物制造业影响最大，对医药制造业影响最小。从产业链所处位置来看，进口投入品前向溢出对产业链末端行业影响最大，在 2014 年达到 2920 亿美元；进口投入品后向溢出对产业链前端行业影响最大，在 2014 年达到 2050 亿美元。

第5章 进口投入品垂直溢出对企业出口行为的影响

　　企业在决定其出口行为时，涉及到两个方面的决策：其一是是否出口，其二是出口规模。根据异质性企业贸易理论，一国的出口增长主要是沿着集约的出口边际和扩展的出口边际同时增长的（Melitz，2003）。集约的出口边际主要是指一国贸易沿着现有出口企业和出口产品在出口量上的增长；扩展的出口边际（广延边际）主要是指新的出口企业和新的出口产品种类的增加。如果一国的出口增长主要源于集约边际的增长，那么这种出口模式主要依赖于少部分企业、产品和出口国，极易造成出口收入的不稳定性，较容易受到外部需求冲击的负面影响。同时，还有可能因为出口量的扩张导致贸易条件恶化，进一步产生贫困化增长；如果一国出口增长主要依赖于广延边际，出口增长的多元化使得出口国的出口收入增长更具稳定性，逆向贸易条件恶化的可能性缩小，更加有利于出口贸易的高质量发展（Hummels & Klenow，2005）。因此，从二元边际的角度研究中国出口问题具有重要意义。

　　当前学术界对于如何促进企业出口二元边际的增长进行了很多研究，比如钱学锋（2008）和陈勇兵等（2012）从企业异质性和贸易成本的视角研究了企业出口二元边际的增长。刘斌和王乃嘉（2016）

的研究表明制造业投入服务化通过生产率提升、创新激励、范围经济、规模经济等渠道促进了企业出口二元边际的增长。但是从进口投入品的角度研究企业出口二元边际增长的研究较少。田巍和余淼杰（2013）的研究，发现中间品关税的下降不仅增加了企业进入出口市场的概率以及出口产品的种类（广延边际），也提高了企业的出口强度（集约边际）。但是，当前研究都没有关注过进口投入品的垂直溢出对企业出口二元边际的影响。一个关键的问题就是，上游和下游关联企业的投入品进口是否会影响企业出口？在本章中，本书将对这一问题进行系统的实证检验。

5.1 理论模型与机制分析

梅里兹（2003）是企业异质性贸易理论的经典文献，他将国际贸易理论的研究从国家和行业层面转到企业层面甚至是产品层面。梅里兹模型之所以受到广泛认可，一方面是因为模型本身的简洁精练，另一方面是由于模型假设条件具有很强的扩展性。本书将在梅里兹（2003）理论模型的基础上，进行机制分析，其主要假设如下：

（1）消费者行为。

消费者效用函数采用 CSE 替代弹性效用函数：

$$U = \left[\int_{\omega \in \Omega} q\,(\omega)^{\rho} d\omega \right]^{\frac{1}{\rho}} \qquad (5-1)$$

在式（5-1）中，$\rho = \dfrac{\sigma - 1}{\sigma}$ 表示消费的偏好多样性，$\sigma > 1$ 表示异质性商品之间的替代弹性；ω 表示消费者消费的某种商品，Ω 表示所有消费商品的集合。消费者的预算约束如下：

$$\int_{\Omega} p(\omega) \cdot q(\omega) d\omega = Y \qquad (5-2)$$

式（5-2）中 Y 表示代表性消费者的预算约束，$p(\omega)$ 表示商品 ω 的价格，$q(\omega)$ 表示消费者对商品 ω 的消费量。消费者在预算约束条件下，实现消费效用的最大化，由此得出消费者在效用最大化的情况下对商品 ω 的最优消费量和产品价格指数：

$$q(\omega) = \frac{Y}{P} \left[\frac{p(\omega)}{p} \right]^{-\sigma} = Q \left[\frac{p(\omega)}{p} \right]^{-\sigma} \qquad (5-3)$$

$$P = \left[\int_{\omega \in \Omega} p(\omega)^{1-\sigma} d\omega \right]^{\frac{1}{1-\sigma}} \qquad (5-4)$$

（2）生产者行为。

假设每家企业只生产一种异质性产品，且只有劳动投入一种生产要素。企业具有相同的固定成本 $f_d > 0$，异质的生产率 φ。企业在生产之前，并不知道自己的生产率水平，企业生产率服从帕累托分布。则企业的生产成本函数和销售价格可以表示为：

$$C(q, \varphi) = \frac{q}{\varphi} + f \qquad (5-5)$$

$$p(\varphi) = \frac{\sigma}{\sigma - 1} \cdot \frac{1}{\varphi} \qquad (5-6)$$

进一步来看，根据利润最大化原则，可以得到企业的收益和利润函数：

$$R(\varphi) = p(\varphi) \cdot q(\varphi) = Y \left(\frac{\sigma}{\sigma - 1} \cdot \frac{1}{p\varphi} \right)^{1-\sigma} \qquad (5-7)$$

$$\pi(\varphi) = p(\varphi) \cdot q(\varphi) - f = \frac{R(\varphi)}{\sigma} - f_d \qquad (5-8)$$

（3）企业出口行为。

企业出口需要承担两种额外的成本，一种是冰山运输成本 τ，另一种是与出口相关的固定成本 f_e。在此基础上可以得到企业出口的收益和利润函数：

$$R_e(\varphi) = p(\varphi) \cdot q(\varphi) = \tau^{1-\sigma} Y \left(\frac{\sigma}{\sigma - 1} \cdot \frac{1}{p\varphi} \right)^{1-\sigma} \qquad (5-9)$$

$$\pi_e(\varphi) = p(\varphi) \cdot q(\varphi) - f_x = \frac{R_e(\varphi)}{\sigma} - f_e \qquad (5-10)$$

则企业的总利润函数可以表示为：

$$\pi(\varphi) = \pi_d(\varphi) + \max\{0, n\pi_e(\varphi)\} \qquad (5-11)$$

综上所述，企业进入国内市场的临界生产率为 φ^*，企业的出口临界生产率为 φ_e^*，当 $\tau^{\sigma-1} < \frac{f_e}{f}$ 时，$\varphi_e^* > \varphi^*$。企业会根据观察到的自身生产率水平与临界生产率之间的关系，选择自己的行为：若 $\varphi < \varphi^*$，则企业选择退出市场；若 $\varphi^* < \varphi < \varphi_e^*$，则企业选择生产但是不会出口；若 $\varphi > \varphi^*$，则企业会选择出口。

根据以上理论模型，影响企业出口的主要变量是企业生产率，本书将从这个方面分析进口投入品垂直溢出对企业出口的影响。首先从进口投入品的前向溢出来看，主要有三个影响机制：技术溢出效应、产品质量效应和成本下降效应。①技术溢出效应。上游行业进口外国投入品意味着改变了原有的生产组合，这提高了其自身的生产率水平和技术水平（张杰，2015），先进的产品工艺以及物化在中间产品中的技术信息可以向下游扩散，这不仅可以提升下游企业的全要素生产率，也能提高下游企业技术学习和创新的能力，促进下游企业出口增长。②质量提升效应。即使不考虑技术溢出因素，外国高质量投入品也可以提升国内厂商的生产率水平。国内上游行业进口高质量的投入品，可以使其生产出更高质量的中间品（许家云等，2017），比如机器设备和中间品具有更稳定的性能，更低的功耗，或者更低的次品率，这会进一步提高下游企业的生产效率，促进企业出口增长。③成本下降效应。一方面，上游行业进口外国投入品会激活国内上游供应商之间的竞争，降低国内中间品价格和下游企业的生产成本，进而促进下游企业出口。另一方面，虽然国内中间品的技术水平和质量提高，有可能会提高其价格水平，但是高技术和高质量水平的国内中间品可能会进一步降低下游企业的创新成本，降低企业的综合成本，提高企业生产率，进而促进企业出口。因此，本书提出以下研究假设：

假说 5 - 1：进口投入品的前向溢出可以显著促进企业出口参与，并促进企业出口集约边际和广延边际的增长。

假说 5 - 2：进口投入品的前向溢出可以通过提高企业生产率促进企业出口增长。

从进口投入品的后向溢出来看，主要有两个影响机制：①市场竞争效应。当国内下游行业进口国外投入品时，就与国内上游同类产品生产商产生了竞争关系。如前面所述，进口竞争可能会产生两种截然不同的结果："熊彼特效应"和"逃避竞争效应"。进口竞争的最终效果取决于地区、行业和企业异质性（Shu & Steinwender，2019）。从国内的相关研究来看，进口竞争可以显著地促进中国制造业企业生产率的增长（简泽等，2014；Brandt et al.，2017），进而促进企业出口。②逆向学习效应。对于发展中国家而言，下游行业对高质量、高技术的投入品需求很难从国内得到满足（张杰等，2015），下游企业会进口外国投入，这同样给了上游企业接触外国技术的机会。上游企业可以通过逆向的模仿学习以及下游企业提供的产品技术和质量信息，迅速地掌握更先进的产品技术和生产工艺，提高企业生产率，进而促进企业出口。因此，本书提出以下研究假设：

假说 5 - 3：进口投入品的后向溢出可以显著促进企业出口参与，并促进企业出口集约边际和广延边际的增长。

假说 5 - 4：进口投入品的后向溢出可以通过提高企业生产率促进企业出口增长。

5.2 实证研究设计、数据来源和指标选取

5.2.1 实证研究设计

本部分研究的一个难点在于如何处理企业出口的样本自选择问题。一般来说，一国经济中仅仅会有一小部分企业参与出口市场，大部分企业的销售都局限于其国内市场。从中国的微观数据来看，也存在同样的问题。中国工业企业数据库是目前可取得的较为完整的中国微观企业统计数据，它统计了中国所有的国有企业和规模以上的非国有企业的主要信息。本书使用中国工业企业数据库中给出的出口交货值数据统计了从 1998 ~ 2009 年的出口企业数量（见表 5 – 1），中国制造业企业当中，每年的出口企业占当年企业总数的比例在 20% ~ 30%。如果将企业数据中出口为零的样本删除，那么将不可避免地带来估计结果的偏误（Westerlund & Wilhelmsson，2009），其原因在于企业选择出口与不出口的决策并非随机。根据异质性企业贸易理论，由于进入出口市场需要支付额外的固定贸易成本和沉没成本，如广告成本、交通运输成本、国外销售渠道成本等。因此，只有企业的生产率水平较高时，企业才可能克服这些额外成本，进而进入国际市场。季斯等（Clerides et al.，1998）、安迪等（Aw et al.，2000）、张杰等（2008）、易靖韬（2009）、易靖韬和傅佳莎（2011）、赵伟等（2011）的研究均发现了企业出口的自选择效应。

表 5 – 1   制造业出口企业数量

年份	非出口企业	出口企业	企业总数	出口企业比率
1998	106083	33155	139238	0.23
1999	105082	32838	137920	0.23
2000	104838	35501	140339	0.25
2001	110096	38995	149091	0.26
2002	118233	44177	162410	0.27
2003	130486	50589	181075	0.27
2004	180036	76603	256639	0.29
2005	174590	74032	248622	0.29
2006	200562	78180	278742	0.28
2007	233610	78772	312382	0.25
2008	254850	80959	335809	0.24
2009	211266	64842	276108	0.23

资料来源：笔者统计。

　　针对数据本身存在的样本自选择问题，赫克曼（Heckman，1979）构造的两阶段选择模型提供了一个较好的解决办法。赫克曼两阶段模型被广泛地应用在出口选择的相关研究中。从现有研究来看，盛丹等（2011）使用赫克曼两阶段模型研究了基础设施对企业出口二元边际的影响，刘斌和王乃嘉（2016）同样也使用了赫克曼两阶段模型研究了制造业投入服务化对企业出口二元边际的影响。

　　本章使用赫克曼两阶段模型探讨了进口投入品的垂直溢出对企业出口二元边际的影响。为此，本书将企业出口贸易模型分为两个阶段，第一阶段使用 Probit 模型考察进口投入品垂直溢出对企业出口参与的影响；第二阶段为调整自选择因素后的出口数量模型，主要考察进口投入品垂直溢出对企业出口集约边际和企业出口广延边际。具体模型为：

$$\Pr(\exp_{it} = 1) = \varPhi(\alpha_1 impsp_{it} + Z_{it}\alpha_2) \qquad (5-12)$$

$$export_{it} = \gamma_1 impsp_{it} + Z_{it}\gamma_2 + \gamma_3\lambda_{it} + \varepsilon_{it} \qquad (5-13)$$

$\exp_i$ 表示企业出口的哑变量，若企业出口大于零，则 $\exp_i = 1$；若企业出口为零，则 $\exp_i = 0$。式（5-12）是赫克曼两阶段模型中第一阶段的出口选择方程。其中，$\Pr(\exp_i = 1)$ 表示企业 i 出口的概率；$\varPhi(\cdot)$ 表示服从标准正态分布的概率分布函数。$export_i$ 表示企业出口集约边际和广延边际；$impsp_i$ 表示企业 i 所在行业受到的进口投入品垂直溢出，其中又包括前向溢出（FL）和后向溢出（BL）；Z_i 表示各类控制变量，包括企业、行业和地区层面的控制变量；α_1、α_2、γ_1、γ_2、γ_3 表示回归系数，ε_i 是残差项。

式（5-13）是赫克曼两阶段模型中第二阶段的出口数量模型，被解释变量是出口集约边际和出口广延边际。与普通最小二乘法不同的是，式（5-13）中加入了调整后的 λ_i 即逆米尔斯比率。逆米尔斯比率是通过式（5-12）估计出来的，用于克服企业出口自选择偏误的调整系数。如果在第二阶段的出口数量模型中，剔除逆米尔斯比率则就有可能由于样本的自选择偏误带来系数回归的有偏。

5.2.2　数据来源

本章主要使用了三套数据。第一套数据是 2000～2007 年中国工业企业数据，该数据库是当前中国经济问题研究领域使用最广泛的微观企业数据库。但是，由于该数据库的数据质量问题，参照聂辉华等（2012）、蔡和刘（Cai & Liu，2009）的研究对数据进行了以下处理：第一，删除了关键指标缺失的数据，主要包括总资产、就业人数、工业总产值和销售额。第二，删除了年销售额低于 500 万元或者就业人数小于 8 人的观测值。第三,删除了明显不符合会计统计准则的企业样本,主要包括流动资产小于总资产、固定资产小于总资产、本年折旧大于累计折旧的所有样本。

第二套数据是 2000～2007 年中国海关贸易数据库,参考施炳展和邵文波（2014）的研究,本书对中国海关数据库做以下初步处理:第一,由于出口数据是普查数据,数据库中记录了大量非制造业产品出口记录。为此,本书首先结合拉尔（Lall,2000）的分类,删除了数据库中关于初级品和资源品的出口记录,即删除了 HS 编码前两位数字为 01～21、25、26、27 的所有数据。第二,剔除关键信息缺失的样本。本书删除了企业名称、企业编码、出口数量、出口产品编码、出口价格缺失的观测值。同时,删除了出口额小于 50 美元和出口数量小于 1 的无效样本。第三,考虑到贸易中间商并不直接从事生产活动,并且贸易中间商为了自己的利润最大化可能会调整产品价格。因此本书删除了海关数据库中的贸易中间商样本。具体来说,本书删除了名字中含有"贸易""进出口""进口""出口""外贸""经贸""边贸""商贸"的样本。

第三套数据是由国家统计局发布的行业部门的中国投入产出表。本书将中国工业企业数据库中的企业行业、海关数据库中的进口企业所属行业和出口产品所属行业统一与投入产出表行业对齐。具体的行业对齐方式和行业目录见第四章和附录。

5.2.3 解释变量和被解释变量

（1）解释变量。

本书的解释变量即进口投入品的垂直溢出（$impsp_i$）,该变量是在识别了进口企业所属行业的基础上,将进口投入品按照进口企业所属行业进行加总，并通过中国投入产出表计算得到的垂直溢出指标。该变量又分为前向溢出（FL）和后向溢出（BL），其中，前向溢出是指上游行业进口投入品对下游行业产生的溢出效应，后向溢出是指下游行业进口投入品对上游行业产生的溢出效应。前向溢出（FL）的构建方法如下：

$$FL_{jt} = \sum_i input_{ijt} \times import_{it}，\text{其中 } input_{ijt} = x_{ijt}/Output_{jt} \quad (5-14)$$

其中，FL_{jt} 是 j 行业在 t 年进口投入品的前向溢出指标。x_{ijt} 是 t 年 j 行业向其上游 i 行业购买的中间品总额。$Output_{jt}$ 是 t 年 j 行业的总产值。因此，$input_{ijt}$ 是 j 行业消耗 i 行业中间投入的直接消耗系数。$import_{it}$ 表示 i 行业在 t 年的进口投入品。FL_{jt} 即是进口投入品的前向溢出指标，它衡量了 j 行业通过国内产业关联间接接触的上游行业进口投入品总量。

后向溢出（BL）的构建方法如下：

$$BL_{jt} = \sum_k input_{jkt} \times import_{kt}，\text{其中 } input_{jkt} = x_{jkt}/Output_{kt}$$

$$(5-15)$$

其中，BL_{jt} 是 j 行业在 t 年进口投入品的后向溢出指标。x_{jkt} 是 j 行业提供给下游 k 行业的中间品总额，$Output_{kt}$ 是 t 年 k 行业的总产值。$import_{kt}$ 表示 k 行业在 t 年的进口投入品。BL_{jt} 即是 j 行业进口投入品的后向溢出指标，它衡量了 j 行业通过国内产业关联间接接触的下游行业进口投入品总量[1]。

变量 $import_{it}$（$import_{kt}$）表示行业进口投入品，它有两种衡量方式，对应着两种进口投入品垂直溢出指标：第一种方法是使用行业进口投入品总额来衡量，本书第四章中描述性统计分析部分使用的就是

---

[1] 在计算 2000～2004 年的垂直溢出指标时，使用的是 2002 年投入产出表；计算 2005～2007 年的垂直溢出指标时，使用的是 2007 年的投入产出表。

这种指标。使用这种方法计算得到的进口投入品前（后）向溢出指标表示某一行业的上（下）游行业加权进口投入品总额。该指标有利于统计描述，说明了进口投入品垂直溢出变化的总体趋势。第二种方法是使用行业进口投入品总额与行业总产值的比值来衡量行业进口投入品[1]。这种方法计算得到的进口投入品前（后）向溢出指标表示某一行业的上（下）游行业加权进口投入品份额。由进口投入品份额衡量的进口投入品垂直溢出指标可以更好地进行因果识别[2]。因此，本书主要使用第二种方法进行回归分析，并将第一种方法计算得到的垂直溢出指标作为稳健性检验。

（2）被解释变量。

本书的核心被解释变量分别是企业出口虚拟变量（0~1）、企业出口金额和企业出口产品—国家种类。为了得到本书的被解释变量，首先需要将中国工业企业数据库和中国海关数据库进行企业匹配。具体的匹配过程如下：第一，将中国工业企业数据库中的企业作为全集，将海关数据库中的出口企业按照企业名称匹配至中国工业企业数据库中。如果匹配成功，则说明该企业是中国工业企业数据库中的出口企业，则 $\exp_i = 1$。第二，将第一步未匹配成功的中国工业企业数据库的剩余样本作为全集，将企业所在地区邮编和企业固定电话后七位作为识别信息，将海关数据中的企业匹配至中国工业企业数据库中。若匹配成功，则同样表示该企业是中国工业企业数据库中的出口

---

[1] 此处的行业即本书识别得到的 66 个制造业行业。行业的总产值数据由中国工业企业数据加总得到。由于进口投入品总额的单位是美元，因此本书首先使用各年份美元兑人民币汇率将进口投入品总额转换为人民币单位。

[2] 实际上，进口投入品的垂直溢出是一种平均意义上的概念。以前向溢出为例，它内涵的一个假设就是，上游行业进口的外国投入品被平均地使用在其生产的产品中。上游行业将其自身生产的产品供给给下游企业，下游企业正是通过这种方式间接地接触了外国投入品。因此，使用上游行业进口投入品总额与其总产值的比值进行加权更加准确表示了"溢出"的概念，更加有利于因果识别，一般文献也都是这样做的（Blalock & Veloso, 2007；李磊等，2018）。

企业，则 $\exp_i = 1$。第三，除第一步和第二步匹配成功的企业外，中国工业企业数据库中剩余的其他样本为非出口企业，则 $\exp_i = 0$。

本书第二阶段回归的核心被解释变量是企业出口的二元边际，主要包括企业出口集约边际（lnvalue）和企业广延边际（lnnum）。企业出口集约边际为当年企业出口的所有产品和所有国家的出口额加总。企业出口广延边际是以海关 HS6 位码为基础计算的企业出口产品—国家对的总数。并将出口二元边际数据按照上文中的第一步和第二步方式匹配至工业企业数据库中。

5.2.4 控制变量

（1）企业进口（IM）。

本书首先控制了企业是否进口这一变量，由于本书的主要解释变量是进口投入品的垂直溢出，受到上下游其他行业进口溢出影响的企业，其自身也有可能会直接进口。如果不控制企业自身直接进口的因素，那么进口投入品垂直溢出影响可能是有偏的。因为不管直接进口还是进口投入品的垂直溢出，都涉及对国外先进技术的学习和吸收，以及利用外国高质量的投入品提高企业生产率和出口能力。实际上，企业有可能通过自身直接进口投入品来获得国外的先进技术和高质量中间投入品，进而对上下游进口投入的溢出效应产生替代作用。根据田巍和余淼杰（2013）、毛其淋和盛斌（2014）和康志勇（2015）的研究来看，企业自身进口中间品对企业出口具有重要的促进作用。本书研究进口投入品的垂直溢出对企业出口的影响，必须控制企业自身的进口行为。该变量是将海关数据中的进口投入品企业按照企业名称与中国工业企业数据库匹配得来，如果企业直接进口了外国投入品，则 $IM = 1$，反之，则 $IM = 0$。

（2）资本总额（$\ln K$）。

企业异质性贸易理论认为企业出口需要克服一定的固定贸易成本和沉没成本，在这方面大企业有天然的优势。一般来说，规模较大的企业更有可能出口。本书使用企业资产总额取对数来控制企业的规模因素，并且使用 1999 年为基期的省级固定资产投资价格指数进行平减，以消除价格因素带来的干扰。

（3）就业人口（$\ln L$）。

根据传统的要素禀赋理论，劳动力资源比较丰裕的国家，应该出口劳动密集型产品。中国拥有大量的剩余劳动力，特别是 2000 年以后，城市化速度加快，农村剩余劳动力大量进入城市，城市的劳动力价格较低。特别是中国加入 WTO 以后，出现了大量的加工贸易企业，这些企业大部分是劳动密集型企业，带动中国出口总额快速增长。为此，本书使用企业的就业人数取对数，来控制企业的劳动力规模，检验其对出口增长的影响。

（4）人力资本水平（$\ln salary$）。

根据新新贸易理论，只有生产率水平和盈利能力较强的企业才能出口，这些企业往往也会支付更高的工人工资。且企业的人力资本水平，决定了企业的技术吸收和技术创新能力。另外，企业的人力资本水平与进口技术溢出相关；首先，企业的人力资本水平越高，越有利于企业进口和使用高质量和高技术水平的外国投入品（Mazzi & Foster – McGregor，2021）；其次，进口投入品的垂直溢出也包含了外国投入品中的高质量和高技术，人力资本水平高的企业受到上下游行业进口投入品垂直溢出的影响可能更大。为此，本书使用企业的人均工资取对数来控制企业人力资本水平对出口的影响。

（5）企业所有制结构（$ownership$）。

企业所有制对企业的生产效率和出口能力具有重要影响。一般来说，国有企业的投资和经营绩效低于非国有企业，虽然国有企业具有一定的规模优势，但是由于经营效率较低，在国际市场上的竞争力较低（Wang，2003）。私人资本比重较高的企业运营效率较高，而外资企业往往具有较高的出口倾向，且其中有较大比例是加工贸易企业，因此这两类企业的出口能力较强。为了控制企业所有制带来的差异，本书分别将国家资本、集体资本、法人资本、个人资本、港澳台资本和外商资本占企业总资本比重高于 50% 的企业赋值为 1、2、3、4、5、6，其他企业赋值为 0，这样就有效控制了企业所有制对出口的影响。

（6）人均生产总值（lnpergdp）。

地区经济发展与企业出口密切相关，中国的出口企业大多集中在东部沿海经济发达地区，这些地区的企业生产率水平较高且出口的固定成本和沉没成本较低。为此，本书在基准回归中进一步控制了地区人均生产总值，并使用 1999 年为基期的 GDP 平减指数进行了平减。

（7）行业外资进入程度（FDI）。

国际直接投资和国际贸易是国际间技术溢出最重要的两个渠道，进口投入品的垂直溢出效应，其根源来自于进口的外国投入品，实际上是一种国际技术溢出的延伸。为了排除外资进入带来的技术溢出的干扰，本书控制了行业层面的外资进入程度，使用行业层面外资企业总产值与行业总产值的比值衡量。

（8）地区交通基础设施（lntrans）。

从外国进口的投入品产生垂直溢出效应的基础是国内产业关联，不管是上游进口还是下游进口，进口产品带来的竞争和技术溢出效应等，都必须通过国内的供应链体系传递。地区的工业发展和国内价值链融入程度与当地交通基础设施密切相关。本书使用地区公路里程和铁路营业里程之和与地区面积比值来衡量区域交通基础设施。以上所有变量的描述性统计如表 5 – 2 所示。

表 5 – 2   变量描述性统计

变量	(1) N	(2) mean	(3) sd	(4) min	(5) max
exp	1335090	0. 152	0. 359	0	1
lnvalue	202326	13. 63	2. 130	6. 944	18. 16
lnnum	202326	2. 074	1. 260	0	4. 927
FL	1335090	0. 0462	0. 0345	0. 00327	0. 317
BL	1335090	0. 0571	0. 0797	$2.09e-05$	0. 601
lnK	1335090	8. 246	1. 648	4. 440	12. 90
lnL	1335090	4. 722	1. 085	2. 565	7. 847
ownership	1335090	3. 503	1. 315	0	6
lnsalary	1335090	2. 312	0. 732	– 8. 096	10. 18
FDI	1335090	0. 308	0. 143	0. 0168	0. 947
lnpergdp	1335090	9. 195	0. 475	7. 801	10. 347
lntrans	1335090	6. 420	0. 583	3. 101	7. 509
IM	1335090	0. 100	0. 300	0	1

5.3 实证结果分析

5.3.1 基准回归

进口投入品前向溢出对企业出口的影响如表 5 – 3 所示。其中，列 (1) ~列 (2) 是赫克曼第一阶段回归，在列 (1) 中，本书只加入了自变量，同时只控制了年份固定效应，此时进口投入品的前向溢出对企业出口参与有显著的正向影响。在列（2）中加入了所有控制变量，同时额外控制了地区和行业固定效应，结果显示进口投入品的前向溢出对企业出口参与的影响系数为 3.3601，且系数在 1% 的水平上显著。对 Probit 模型取边际弹性后，结果显示进口投入品前向溢出提高 1%，出口概率提高 0.46%。表 5 - 3 中列（3）~列（6）是赫克曼第二阶段的回归分析，其中列（3）~列（4）是关于企业出口集约边际的回归结果，列（5）~列（6）是关于企业出口广延边际的回归结果。在列（3）和列（5）中仅仅加入自变量和年份固定效应，结果显示进口投入品的前向溢出显著促进了企业出口的集约边际和广延边际的增长。在列（4）和列（6）中加入了所有的控制变量，并同时控制了地区和行业固定效应，结果显示进口投入品的前向溢出对企业出口集约边际和出口广延边际的影响系数分别为 5.0403 和 1.2818，且均在 1% 的水平上显著。该结果表明上游行业加权的进口投入品份额提高 1 个百分点，会促进出口集约边际和广延边际增长5.04% 和 1.28%。

表 5 - 3　　进口投入品前向溢出对企业出口影响的基准回归

变量	(1) 出口参与	(2) 出口参与	(3) 集约边际	(4) 集约边际	(5) 广延边际	(6) 广延边际
FL	5.4050 *** (0.065)	3.3601 *** (0.365)	5.5126 *** (0.731)	5.0434 *** (0.713)	1.3657 *** (0.421)	1.2818 *** (0.412)
IM		2.0452 *** (0.008)		0.4267 *** (0.071)		0.3021 *** (0.042)
$\ln L$		0.2341 *** (0.003)		0.5215 *** (0.013)		0.2486 *** (0.008)

续表

变量	(1) 出口参与	(2) 出口参与	(3) 集约边际	(4) 集约边际	(5) 广延边际	(6) 广延边际
ln$K$		0.0304 *** (0.002)		0.1383 *** (0.007)		0.0742 *** (0.004)
ln$salary$		0.1248 *** (0.004)		0.1605 *** (0.008)		0.0721 *** (0.005)
$ownership$		0.0973 *** (0.002)		−0.0030 (0.005)		−0.0043 (0.003)
ln$pergdp$		0.0000 *** (0.000)		0.0000 *** (0.000)		−0.0000 (0.000)
ln$trans$		0.0140 (0.014)		0.2027 *** (0.030)		0.1295 *** (0.017)
FDI		−0.3337 *** (0.088)		0.9624 *** (0.169)		0.4004 *** (0.098)
$mills$				0.0151 (0.056)		0.0536 (0.033)
个体效应	No	No	Yes	Yes	Yes	Yes
年份效应	Yes	Yes	Yes	Yes	Yes	Yes
地区效应	No	Yes	No	Yes	No	Yes
行业效应	No	Yes	No	Yes	No	Yes
Observations	1335090	1325282	176268	175601	176268	175601
R − squared			0.807	0.819	0.824	0.832

注：*、**和***分别表示10%、5%和1%的显著性水平。

　　表5-4是进口投入品后向溢出对企业出口影响的回归结果。其中，列（1）~列（2）是后向溢出对企业出口参与的影响，列（3）~列（4）是进口后向溢出对企业出口总额的影响，列（5）~列（6）

的回归结果是进口投入品后向溢出对企业出口产品种类的影响。结果显示进口投入品的后向溢出对企业的出口参与的影响系数为1.9105，且在1%的水平上显著。对 Probit 模型取边际弹性后，结果显示进口投入品后向溢出提高1%会促进企业出口概率增加0.26%。由列（4）和列（6）的结果可知，进口投入品后向溢出的系数分别为0.6086和0.8411，且均显著。该结果表明下游行业加权的进口投入品份额提高1个百分点会促进企业出口集约边际和广延边际增加0.60%和0.84%。

表5-4   进口投入品后向溢出对企业出口影响的基准回归

变量	（1） 出口参与	（2） 出口参与	（3） 集约边际	（4） 集约边际	（5） 广延边际	（6） 广延边际
BL	0.9047 *** （0.033）	1.9105 *** （0.144）	-0.1396 （0.266）	0.6086 ** （0.258）	0.4378 *** （0.146）	0.8411 *** （0.146）
IM		2.0455 *** （0.008）		0.3889 *** （0.070）		0.2933 *** （0.042）
lnL		0.2337 *** （0.003）		0.5179 *** （0.013）		0.2487 *** （0.008）
lnK		0.0304 *** （0.002）		0.1377 *** （0.007）		0.0739 *** （0.004）
lnsalary		0.1247 *** （0.004）		0.1580 *** （0.008）		0.0717 *** （0.005）
ownership		0.0974 *** （0.002）		-0.0044 （0.005）		-0.0047 （0.003）
lnpergdp		0.0000 *** （0.000）		0.0000 *** （0.000）		-0.0000 （0.000）

续表

变量	（1）出口参与	（2）出口参与	（3）集约边际	（4）集约边际	（5）广延边际	（6）广延边际
lntrans		0.0212 (0.014)		0.2136 *** (0.030)		0.1312 *** (0.017)
FDI		−0.0765 (0.087)		1.2026 *** (0.170)		0.5452 *** (0.098)
mills				−0.0152 (0.055)		0.0466 (0.033)
个体效应	No	No	Yes	Yes	Yes	Yes
年份效应	Yes	Yes	Yes	Yes	Yes	Yes
地区效应	No	Yes	No	Yes	No	Yes
行业效应	No	Yes	No	Yes	No	Yes
Observations	1335090	1325282	176268	175601	176268	175601
R − squared			0.807	0.819	0.824	0.832

注：* 、** 和 *** 分别表示 10%、5% 和 1% 的显著性水平。

5.3.2 稳健性检验

（1）更换自变量的测度方式。

若改变了进口投入品垂直溢出的衡量指标，回归结果也随之变化的话，那么就不能认为本书的结果是稳健的。为此，本书使用行业进口总额与投入产出表相结合，计算进口投入品的垂直溢出指标，并使用该指标进行相应的回归分析，作为本书的稳健性检验。在表中控制了相应的控制变量和固定效应（见表 5 - 5），回归结果显示，不管是进口投入品的前向溢出还是后向溢出均显著促进了企业出口参与、出口集约边际和出口广延边际的增长。

表 5 – 5   更换自变量测度方式的稳健性检验

变量	(1) 出口参与	(2) 集约边际	(3) 广延边际	(4) 出口参与	(5) 集约边际	(6) 广延边际
FL	0.0585*** (0.004)	0.3355*** (0.031)	0.0565*** (0.018)			
BL				0.0622*** (0.017)	0.2903*** (0.038)	0.0474** (0.023)
控制变量	Yes	Yes	Yes	Yes	Yes	Yes
个体效应	No	Yes	Yes	No	Yes	Yes
年份效应	Yes	Yes	Yes	Yes	Yes	Yes
地区效应	Yes	Yes	Yes	Yes	Yes	Yes
行业效应	Yes	Yes	Yes	Yes	Yes	Yes
Observations	1325282	175601	175601	1323645	175579	175579
R – squared		0.819	0.832		0.819	0.832

注：***表示1%的显著性水平。

（2）考虑企业的进入与退出。

由于中国工业企业数据库自身的特点，本书数据中存在大量的进入与退出企业，造成了本书数据的非平衡性。如果这种非平衡性较为严重，则可能会对本书的回归结果造成一定的影响。因此，本书考虑只使用那些一直存在的企业进行回归分析。由于本书的时间周期是2000~2007年，即本书使用的是有8个观测值的企业样本进行回归分析。回归结果呈现于表5 – 6，列（1）~列（3）是前向溢出的回归结果，列（4）~列（6）是后向溢出的回归结果。实证结果显示不管是进口投入品的前向溢出还是后向溢出对企业出口增长都有显著的正向促进作用，进一步证明了本书结果的稳健性。

表 5－6   考虑企业进入与退出

变量	（1） 出口参与	（2） 集约边际	（3） 广延边际	（4） 出口参与	（5） 集约边际	（6） 广延边际
FL	2.7478 *** （0.703）	4.8628 *** （1.163）	1.1758 * （0.708）			
BL				0.9004 *** （0.270）	1.0650 *** （0.410）	1.2181 *** （0.241）
控制变量	Yes	Yes	Yes	Yes	Yes	Yes
个体效应	No	Yes	Yes	No	Yes	Yes
年份效应	Yes	Yes	Yes	Yes	Yes	Yes
地区效应	Yes	Yes	Yes	Yes	Yes	Yes
行业效应	Yes	Yes	Yes	Yes	Yes	Yes
Observations	276560	61692	61692	276560	61692	61692
R－squared		0.810	0.815		0.810	0.816

注：* 和 *** 分别表示 10% 和 1% 的显著性水平。

5.3.3　内生性处理

内生性的来源主要有三种，分别是测量误差、遗漏变量和双向因果问题。首先，由于本书的解释变量和被解释变量使用的都是主流的指标计算方法，且本书针对解释变量进行了进一步的稳健性检验，使用了不同的方式衡量解释变量，最后得出的结果仍是稳健的，因此，本书的研究可能并不存在严重的测量误差问题。其次，考虑遗漏变量的可能性，本书已经重点考虑了影响企业出口关键因素，且同时控制了个体效应、时间效应、地区和行业固定效应，存在遗漏变量问题的可能性也不大。最后，由于本书的被解释变量是企业变量，而解释变量是行业变量，且本书的解释变量是由其他行业（上游或下游）的进口行为决定的，因此，本书认为存在双向因果的可能性也不大。总体来看，本书的研究可能并不存在严重的内生性问题，但是为了严谨起见，本书将对内生性问题进行一定的处理。

首先，一个简单的方式是使用解释变量的滞后期进行回归分析，因为当期的被解释变量并不会影响上一期的解释变量，这样就可以较好的避免双向因果带来的内生性问题，这也是一般文献处理内生性常用的方法之一（谢谦等，2021）。本书使用企业出口对解释变量的滞后期进行回归分析如表 5 - 7 所示。从回归结果来看，不管是进口投入品的前向溢出还是后向溢出都对企业出口参与、出口集约边际和出口广延边际具有显著的正向促进作用，这说明在排除了潜在的双向因果问题后，进口投入品的垂直溢出会显著促进企业出口增长。

表 5 - 7   滞后项回归

变量	（1）出口参与	（2）集约边际	（3）广延边际	（4）出口参与	（5）集约边际	（6）广延边际
L. FL	4. 2860 *** (0. 565)	7. 8625 *** (0. 974)	1. 8981 *** (0. 577)			
L. BL				2. 5934 *** (0. 265)	1. 8039 *** (0. 451)	1. 3919 *** (0. 256)
控制变量	Yes	Yes	Yes	Yes	Yes	Yes
个体效应	No	Yes	Yes	No	Yes	Yes
年份效应	Yes	Yes	Yes	Yes	Yes	Yes
地区效应	Yes	Yes	Yes	Yes	Yes	Yes
行业效应	Yes	Yes	Yes	Yes	Yes	Yes
Observations	909078	135570	135570	909078	135570	135570
R - squared		0. 837	0. 850		0. 837	0. 851

注： ***表示1%的显著性水平。

其次，本书考虑使用两阶段最小二乘估计方法排除潜在的内生性干扰，并选择解释变量的滞后一期作为当期变量的工具变量。回归结果呈现于表 5 - 8 中，从 KP - F 的检验结果来看，工具变量的选择是合适的。回归结果显示，在有效排除本书研究潜在的内生性后，进口投入品的垂直溢出仍然显著促进了企业出口参与和集约边际与广延边际增长，本书所得结论是稳健的。

表 5 - 8　　　　　　　　两阶段最小二乘估计

变量	(1) 出口参与	(2) 集约边际	(3) 广延边际	(4) 出口参与	(5) 集约边际	(6) 广延边际
FL	6. 3690 *** (0. 861)	11. 9567 *** (1. 484)	2. 8864 *** (0. 879)			
BL				2. 2275 *** (0. 205)	1. 6974 *** (0. 424)	1. 3097 *** (0. 241)
控制变量	Yes	Yes	Yes	Yes	Yes	Yes
个体效应	No	Yes	Yes	No	Yes	Yes
年份效应	Yes	Yes	Yes	Yes	Yes	Yes
地区效应	Yes	Yes	Yes	Yes	Yes	Yes
行业效应	Yes	Yes	Yes	Yes	Yes	Yes
Observations	909078	135570	135570	909078	135570	135570
Kleibergen - Paap rk Wald F statistic		281. 924	198. 456		356. 672	281. 556

注：***表示 1% 的显著性水平。

5.3.4　异质性分析

（1）进口贸易方式的异质性。

进出口贸易可以分为两种贸易方式，一是一般贸易（nor），二是加工贸易（*pro*）。由于贸易方式的不同，它们对国内经济的影响也不同。在这里，本书将进口投入品区分为一般贸易进口和加工贸易进口，并研究不同进口方式的垂直溢出效应。列（1）~列（3）是进口投入品前向溢出的回归结果如表 5 - 9 所示，结果显示不管是一般贸易进口还是加工贸易进口的前向溢出对企业出口参与、出口集约边际和出口广延边际均有显著的促进作用。一般来说，加工贸易较少参与国内价值链循环，但是参与加工贸易不仅会带来企业间的技术溢出效应和示范效应，同时也带来企业自身的学习效应，使企业由加工出口转向一般出口和国内贸易（Bai et al.，2021），所以加工贸易进口的前向溢出对企业出口的影响也是显著为正的。

表 5 - 9　　　一般贸易进口和加工贸易进口垂直溢出的异质性

变量	（1）	（2）	（3）	（4）	（5）	（6）
	前向溢出			后向溢出		
	出口参与	集约边际	广延边际	出口参与	集约边际	广延边际
FL_nor	2.8926 *** （0.442）	3.7418 *** （0.862）	1.1568 ** （0.490）			
FL_pro	4.1949 *** （0.579）	7.3215 *** （1.042）	1.5005 ** （0.626）			
BL_nor				0.7641 （0.612）	- 4.4379 *** （0.918）	0.8461 （0.517）
BL_pro				1.7217 *** （0.310）	2.8949 *** （0.436）	0.8388 *** （0.240）
控制变量	Yes	Yes	Yes	Yes	Yes	Yes
个体效应	No	Yes	Yes	No	Yes	Yes
年份效应	Yes	Yes	Yes	Yes	Yes	Yes
地区效应	Yes	Yes	Yes	Yes	Yes	Yes

续表

变量	（1）	（2）	（3）	（4）	（5）	（6）
	前向溢出			后向溢出		
	出口参与	集约边际	广延边际	出口参与	集约边际	广延边际
行业效应	Yes	Yes	Yes	Yes	Yes	Yes
Observations	1325282	175601	175601	1325282	175601	175601
R－squared		0.819	0.832		0.819	0.832

注：***表示在1%的显著性水平上显著。

表5-9中列（4）~列（6）是进口投入品后向溢出的回归结果，从后向溢出的回归结果来看，加工贸易的正向溢出效应较大，一般贸易进口的后向溢出对企业出口集约边际的影响显著为负，对出口参与和广延边际影响不显著。其可能的原因在于，下游进口投入品主要有两种作用：一是市场竞争效应，它会侵蚀国内上游中间品供应商的市场份额，减少企业的利润进而降低企业的竞争力，最终抑制了企业出口；二是下游进口投入品对上游厂商产生逆向学习效应，使得上游企业更容易模仿和学习外国产品的先进技术和工艺。通过一般贸易进口的产品会跟国内企业产生直接的竞争关系，市场竞争效应的负面作用较大，下游行业进口外国投入品降低了国内企业的市场份额和利润，使企业失去产品升级和技术创新的能力，进一步降低企业的生产率水平，最终抑制了企业出口增长。

而通过加工贸易进口的产品与上游企业并无直接的竞争关系，但是仍然可能产生额外的逆向学习效应，因为国内下游企业更倾向于选择国内供应商，当下游行业在获得外国投入品后，可能会主动帮助上游行业获取先进的技术和质量信息，以规避由进口带来的物流成本和汇率风险（Blalock & Veloso，2007）。同时由于中国的加工贸易企业长期处于发达国家的"俘获"和"低端锁定"状态（吕越等，2018），为了获得更多利润空间，它们有动机向潜在上游厂商提供投入品的质量和技术信息，培育国内上游供应商，以摆脱在全球价值链中的"低端锁定"状态。因此，最终表现为通过加工贸易进口的后向溢出对企业出口的促进作用较大。

（2）进口中间品和资本品的异质性。

制造业企业进口投入品主要包括中间品和资本品两种，本书分别研究了进口中间品和资本品的垂直溢出效应，这一回归结果见表5-10。从列（1）~列（3）前向溢出的回归结果来看，上游行业进口中间品和资本品均显著促进了下游企业出口参与、出口集约边际和广延边际。这是因为无论是进口中间品还是进口资本品，内嵌在产品中的技术水平和质量水平均能通过国内产业关联向下游企业传递，产生技术溢出效应和质量提升效应，进而促进下游企业出口增长。

表5-10中列（4）~列（6）是后向溢出的回归结果，进口中间品的后向溢出对企业出口参与、出口集约边际和广延边际的影响显著为正，而进口资本品后向溢出的作用不显著。可能的原因在于，资本品的技术含量较高，资本货物的生产高度集中在少数几个研发密集型国家（Eaton & Kortum，2001）。中国在生产资本品方面仍然无法和发达国家竞争，导致进口竞争的逃避竞争效应和逆向学习效应较弱，进而使进口资本品的后向溢出对企业出口增长的作用不显著。而下游行业进口中间品会与国内中间品供应商产生竞争关系，同时也会带来逆向学习效应，促进上游中间品供应商企业加大研发投入，进而提高企业生产率，最终促进上游企业出口增长。

表 5 – 10 进口中间品和资本品的异质性分析

变量	（1）出口参与	（2）集约边际	（3）广延边际	（4）出口参与	（5）集约边际	（6）广延边际
FL_中间品	3.0936***（0.379）	5.3665***（0.759）	1.3104***（0.435）			
FL_资本品	1.5022**（0.626）	6.6405***（1.213）	1.4232**（0.658）			
BL_中间品				1.8998***（0.140）	0.6215**（0.252）	0.7916***（0.142）
BL_资本品				1.0383（0.890）	0.3933（0.652）	0.6720（0.548）
控制变量	Yes	Yes	Yes	Yes	Yes	Yes
个体效应	No	Yes	Yes	No	Yes	Yes
年份效应	Yes	Yes	Yes	Yes	Yes	Yes
地区效应	Yes	Yes	Yes	Yes	Yes	Yes
行业效应	Yes	Yes	Yes	Yes	Yes	Yes
Observations	1325282	175601	175601	1325282	175601	175601
R – squared		0.819	0.832		0.819	0.832

注：***表示在1%的显著性水平上显著。

5.4 机制分析：企业生产率

新新贸易理论表明，由于出口需要克服额外的固定成本和沉没成本，因此一般来说只有生产率较高的企业才能参与出口。关于企业生产率促进出口升级的相关研究已经浩如烟海，本书对这一问题不再赘述。本书在这一节重点关注进口投入品的垂直溢出是否促进了企业生产率的提高，即进口垂直溢出是否是通过提高企业生产率促进了企业出口升级。

5.4.1 企业生产率的测算

本书主要使用 OP 方法计算企业生产率，为了保证本书研究的普适性和可靠性，借鉴鲁晓东和连玉君（2012）、张杰等（2015）的研究，计算企业生产率的基本模型如下：

$$\ln vad_{it} = \alpha_0 + \alpha_1 \ln L_{it} + \alpha_2 \ln K_{it} + \alpha_3 age_{it} + \alpha_4 timetrend_{it} + \alpha_5 wto_{it}$$
$$+ \sum ownership_{it} + \sum province_{it} + \sum industry_{it} + \sum year_t + \varepsilon_{it}$$
$$(5-16)$$

vad_{ijkt} 表示工业企业生产的增加值，由于企业的工业增加值指标有大量缺失，本书借鉴聂辉华等（2012）的研究，将工业增加值指标补齐，即工业增加值 = 工业总产值 − 工业中间投入 + 增值税。L_{it}、K_{it}、age_{it}、$timetrend_{it}$、wto_{it} 分别表示企业的劳动投入、资本投入、企业年龄、时间趋势、中国加入 WTO 的时间虚拟变量。$ownership_{it}$、$province_{it}$、$industry_{it}$、$year_t$ 分别表示企业所有制、省份、行业和年份虚拟变量，ε_{it} 表示随机误差项。

$$tfp_{it} = \ln vad_{it} - \hat{\alpha}_1 \ln L_{it} - \hat{\alpha}_2 \ln K_{it} \qquad (5-17)$$

接下来，按照企业全要素生产率的定义，在式（5-17）的基础上计算企业全要素生产率。本书将企业分类为国有企业和其他企业，在此基础上绘制了中国制造业企业全要素生产率的核密度分布图（见图 5-1）。从图 5-1 的分布图可知，非国有企业的全要素生产率较大，这与一般研究结果是一致的。

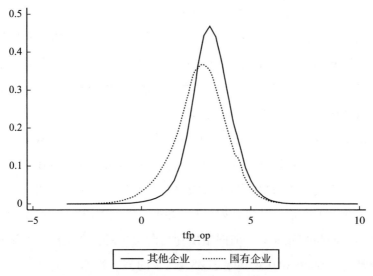

图 5 – 1　中国制造业企业生产率核密度分布

资料来源：笔者根据中国工业企业数据计算结果绘制。

5.4.2　实证研究

为了研究进口投入品垂直溢出对企业生产率的影响，本书建立以下实证研究的基准模型：

$$tfp_{it} = \alpha_0 + \alpha_1 imsp_{it} + \sum X_{it} + \vec{\varphi} + \varepsilon \qquad (5-18)$$

其中，i 和 t 分别代表企业与年份。$\vec{\varphi}$ 是一系列的固定效应，包括个体固定、年份固定、行业固定和省份固定效应，以控制未观测到的因素。tfp_{it} 是企业 i 在 t 年的生产率水平，本书主要使用 OP 法计算生产率。$imsp_{it}$ 是企业 i 所在行业随时间变化的进口投入品垂直溢出指标，包括前向溢出（FL）和后向溢出（BL）。$\sum X_{it}$ 是一系列的控制变量，控制变量的设定与上文一致。

本书按照通用的处理规则对工业企业数据进行了处理：删除了从

业人员数少于 8 人、固定资产大于总资产、流动资产大于总资产、本年折旧大于累计折旧以及关键变量缺失的样本。数据的时间周期为 2000～2007 年，本书使用以 1999 年为定基的原材料燃料及动力购进价格指数、固定资产投资价格指数、工业品出厂价格指数、GDP 平减指数对所有价格数据进行了平减。

根据式（5 - 18）的设定，本书对进口投入品的垂直溢出与企业生产率之间的关系进行实证检验，以验证垂直溢出促进企业出口增长的生产率机制。进口投入品垂直溢出对企业生产率影响的回归分析结果如表 5 - 11 所示。其中，列（1）和列（2）是 OP 法生产率的回归结果，由回归结果来看，前向溢出和后向溢出对企业生产率的影响系数分别为 1.0056 和 0.4399，且都在 1% 的显著性水平上显著。从基准回归的结果来看，进口投入品的前向溢出和后向溢出显著促进了企业生产率的增长，这说明不管是上游还是下游行业的进口投入品行为都可以通过国内产业关联产生溢出效应，带动企业全要素生产率的提高。作为稳健性检验，本书又使用 LP 方法计算了企业生产率，其回归结果呈现于列（3）和列（4），回归结果也显示了进口投入品前向溢出和后向溢出对企业生产率的促进作用。由此可见，进口投入品垂直溢出带来的生产率提升作用是促进企业出口增长的重要途径，这也进一步验证了前文得出的结论。

表 5 - 11　　　　进口投入品垂直溢出对企业生产率的影响

变量	(1)	(2)	(3)	(4)
	TFP_OP		TFP_LP	
FL	1.0056 *** (0.068)		1.3378 *** (0.115)	
BL		0.4399 *** (0.049)		0.4385 *** (0.049)

续表

变量	(1)	(2)	(3)	(4)
	TFP_OP		TFP_LP	
控制变量	Yes	Yes	Yes	Yes
个体效应	Yes	Yes	Yes	Yes
年份效应	Yes	Yes	Yes	Yes
地区效应	Yes	Yes	Yes	Yes
行业效应	Yes	Yes	Yes	Yes
Observations	1194762	1194762	1194762	1194762
R – squared	0.701	0.790	0.701	0.790

注：***表示在1%的显著性水平上显著。

5.5 本章小结

本章研究了进口投入品垂直溢出对企业出口参与以及企业出口集约边际和广延边际的影响。第5.1节利用梅里兹（2003）异质性企业贸易模型扩展分析了上游和下游行业进口投入品对企业出口的影响，并提出了相应的研究假说。第5.2节介绍了本章实证研究用到的数据和变量，并根据第5.1节的理论模型，同时借鉴当前关于企业出口升级的一般研究，设定了赫克曼两阶段回归模型。

第5.3节进行了详细实证分析：第一，通过逐步加入控制变量和固定效应的方式进行了基准回归分析；第二，进行了稳健性检验，主要包括更换自变量的测度方式、考虑企业的进入与退出以及对内生性的处理。实证结果表明无论企业自身是否进口，进口投入品的垂直溢出（前向溢出和后向溢出）显著提高了企业出口参与的概率。其中，前向溢出提高1%会促进出口概率增加0.46%；后向溢出提高1%会促进出口概率增加 0.26%。

进口投入品的前向溢出和后向溢出均显著促进了企业出口集约边际和广延边际的增长。平均来看，上游行业进口投入品份额增加 1 个百分点会促进下游企业出口集约边际和广延边际增长 5.04% 和 1.28%；下游行业进口投入品份额增加 1 个百分点会促进企业出口集约边际和广延边际增长 0.60% 和 0.84%。

通过对不同进口贸易方式的异质性考察，本书的实证研究表明，一般贸易进口和加工贸易进口的前向溢出对企业出口有显著的促进作用。但是，由于存在进口竞争的负面作用，导致一般贸易进口的后向溢出效应对企业出口参与和广延边际影响不显著，对企业出口集约边际的影响显著为负。而加工贸易进口的后向溢出对企业出口参与、出口集约边际和广延边际都有显著的促进作用，这是因为加工贸易进口与国内上游供应商之间竞争关系较小，却可以带来较强的逆向学习效应。通过对产品异质性的考察发现，进口中间品和资本品的前向溢出以及进口中间品的后向溢出均促进了企业出口参与、出口集约边际和广延边际的增长，而进口资本品的后向溢出对企业出口没有显著影响。

在第 5.4 节中，本书进一步研究了进口投入品垂直溢出促进企业出口行为的中介机制，研究表明进口投入品前向溢出和后向溢出均显著促进了企业生产率，即进口投入品垂直溢出通过提高企业生产率促进了企业出口增长。

第6章 进口投入品垂直溢出对企业出口产品质量升级的影响

　　2013 年，中国对外贸易规模超过美国，跃居世界首位。中国出口贸易规模取得亮眼成绩的同时，出口产品"多而不强"的问题却始终是学术界关注的焦点（许家云等，2017）。施炳展（2014）运用 2000～2006 年中国海关数据测算了中国企业出口产品质量，他的研究表明，由于低质量产品企业的大量进入，本土企业出口产品质量的总体水平下降，本土企业与外资企业出口产品质量之间的差距扩大。如何培育中国出口竞争新优势，提升中国出口产品质量，进一步增强中国出口产品在国际上的竞争力，是当前研究的重点。产品质量强调的是一种产品内差异，产品质量升级实际上是一种产品内的纵向升级。例如，高端智能手机比低端智能手机具有更好的耐用性、更多的功能等。不同学者从中间品进口（许家云等，2017）、金融抑制和融资约束（张杰，2015）、政府补贴（张杰等，2015）、最低工资（许和连和王海成，2016）和产业集聚（苏丹妮等，2018）等视角研究了出口产品质量升级问题。本章将从进口投入品垂直溢出的视角，研究企业出口产品质量升级问题，重点关注了由上下游其他企业进口的外国投入品能否通过国内产业关联产生正向溢出效应进而促进企业出口产品质量提升。

6.1　理论模型与机制分析

本书借鉴哈拉克和斯瓦达桑（Hallak & Sivadasan，2013）的质量决定模型，该模型由产品需求和产品供给两个方面构成：

（1）需求。假定一国在 t 时期消费产品 g 的效用函数为 CES 效用函数：

$$U = \left\{ \int_{g \in \Omega} \left[q_g \lambda_g \right]^{(\sigma-1)/\sigma} \right\}^{\sigma/(\sigma-1)} \qquad (6-1)$$

式（6-1）中，Ω 为一国可提供的产品集合，σ 为产品种类的替代弹性，且 $\sigma > 1$，q_g 为消费者消费产品 g 的数量，λ_g 为产品 g 的质量。消费者面临的价格指数为：

$$P = \int_g p_g^{1-\sigma} \lambda_g^{1-\sigma} dg \qquad (6-2)$$

式（6-2）中，p_g 为产品 g 的价格，在消费预算约束下，消费者对产品 g 的需求为：

$$q_g = p_g^{-\sigma} \lambda_g^{\sigma-1} \frac{E}{p} \qquad (6-3)$$

式（6-3）中，E 为消费 g 产品的消费支出。

（2）供给。假定企业的可变成本和固定成本分别为：

$$MC = \left(\frac{c}{\varphi} \right) \lambda_g^{\beta} \qquad (6-4)$$

$$F = F_0 + \left(\frac{f}{\theta} \right) \lambda_g^{\alpha} \qquad (6-5)$$

在式（6-4）和式（6-5）中，c、f 为参数。φ 为生产率，F 为固定成本，F_0 是固定操作成本，α 和 β 是替代弹性，θ 是固定投入效率。且 $\alpha > (1-\beta)(\sigma-1)$。

在 CES 形式的生产函数假定下，企业利润最大化价格为：

$$p_i = \frac{\sigma}{\sigma - 1} \times \frac{c}{\varphi} \lambda_g^{\beta} \qquad (6-6)$$

给定以上方程，可得企业生产产品的质量决定方程：

$$\lambda_g = \left[\frac{1-\beta}{\alpha} \left(\frac{\sigma-1}{\sigma} \right) \times \left(\frac{\varphi}{c} \right) \times \frac{\theta}{f} \times \frac{E}{P} \right]^{1/\alpha'} \qquad (6-7)$$

在式（6-7）中，$\alpha' = \alpha - (1-\beta)(\sigma-1)$。对式（6-7）取对数可得：

$$\ln\lambda_g = \psi + \frac{\sigma-1}{\alpha'}\ln\varphi + \frac{1}{\alpha'}\ln\theta + \pi \qquad (6-8)$$

其中，$\psi = \frac{1}{\alpha'}\ln\frac{1-\beta}{\alpha'}\left(\frac{\sigma-1}{\sigma} \right) - \frac{\sigma-1}{\alpha'}\ln c - \frac{1}{\alpha'}\ln f$ 为常数，$\pi = \frac{1}{\alpha'}\ln\frac{F}{P}$ 为企业面临的市场因素。由式（6-8）中可以看到，企业生产率（φ）、固定投入效率（θ）是影响产品质量的决定因素，φ 反映了企业生产率的异质性，企业的生产率越高，边际成本越低，企业的产品质量越高。固定投入效率 θ 刻画了企业固定成本的异质性，固定投入效率越高意味着企业的固定成本越低，固定投入效率的提高也体现为产品、技术、管理和运营等方面成本的下降。

根据以上理论模型，上游行业进口投入品可以通过技术溢出、进口产品质量促进企业出口产品质量提升。具体来说，由于知识具有非竞争性，上游行业可以通过国内中间品市场，将进口投入品中物化的知识、技术和质量信息传递给下游企业，进而使得下游企业可以低成本地研发新产品、新工艺，提高自身的产品质量。而上游行业供应的中间产品质量的提升可以直接提高下游行业生产产品的质量水平。由于现代工业生产是由一连串的生产活动组成，每一个环节产出的中间品和资本品的质量都会影响下一个生产环节及最终产品的质量水平。因此，当上游行业进口了高质量的投入品后，可以提高下游企业的生产率水平和产品质量水平。因此，本书提出以下研究假设：

假说6-1：进口投入品的前向溢出会显著促进企业出口产品质量的提高。

从后向溢出来看，下游行业的进口会给上游企业带来市场竞争和逆向学习效应。进口投入品后向溢出带来的市场竞争对上游企业产生了负面冲击，可能导致一部分企业难以生存和进一步的产品质量升级。这些企业为了谋求发展，可能会将其低质量的产品转入出口市场，或者会进一步降低其出口产品质量，以获取低价竞争优势，谋求海外市场份额（魏浩和连慧君，2020）。下游行业进口外国投入品同样会带来外国产品的先进技术和质量信息，从而产生进一步的逆向学习效应，上游企业获取到外国产品的质量信息和下游行业的产品使用反馈，可以更高效率地研发创新，促进上游企业生产率和产品质量的提高。综合来看，进口投入品后向溢出对企业出口产品质量的影响方向尚不能确定，其最终影响取决于市场竞争效应和逆向学习效应的"合力"。因此，本书提出以下研究假设：

假说6-2：进口投入品的后向溢出可以显著促进企业出口产品质量的提升，其原因在于市场竞争效应的负面冲击小于逆向学习效应的促进作用。

假说6-3：进口投入品的后向溢出显著降低了企业出口产品质量，其原因在于市场竞争效应的负面冲击大于逆向学习效应的促进作用。

6.2 出口产品质量测算

随着新新贸易理论的发展，出口产品质量也被纳入到企业异质性的考虑范围。肖特（Schott，2004）利用美国进口十分位数据，测算了世界各国对美国出口产品的单位价值量差异，并以此替代产品质量。哈拉克（Hallak，2006）使用产品价格代表产品质量，研究发现富国倾向于从生产高质量产品的国家进口相对更多的产品。但是产品价格这个变量的干扰项更多，它会受到要素价格和汇率等因素的影响。坎德尔瓦尔（Khandelwal，2010）、哈拉克和肖特（Hallak & Schott，2011）利用事后推理原则测算了产品质量，其基本逻辑是在价格相同的情况下，销量越大则产品质量越大。后续研究大部分是在这一思路基础之上测算了企业出口产品质量，本书在此基础上借鉴沈国兵和袁征宇（2020）的研究测算企业出口产品质量。

中国海关数据具有年份—企业—进口国—产品四个维度，对于海关八分位编码下的某一产品 HS 而言，i 企业在 t 年对 m 国出口数量可表示为：

$$q_{imt} = p_{imt}^{-\sigma} \lambda_{imt}^{\sigma-1} \frac{E_{mt}}{P_{mt}} \qquad (6-9)$$

对式（6-9）两边取对数，经过整理后得到回归公式（6-10）：

$$\ln q_{imt} = \chi_j + \chi_{mt} - \sigma \ln p_{imt} + \varepsilon_{imt} \qquad (6-10)$$

其中，χ_j 表示产品类别的固定效应，它控制了产品层面不可观测的变量，例如产品技术含量等；χ_{mt} 表示出口国—年份固定效应，它控制了随国家变化的变量，例如，出口国与中国的地理距离，也控制了随时间变化的变量，例如，汇率和国际油价水平，同时也控制了随出口国和年份变化的变量，例如，出口国的人均国内生产总值；$\ln p_{imt}$ 代表企业出口产品价格，$\ln q_{imt}$ 表示企业出口数量。

对式（6-10）进行回归分析后，在每个产品类别内拟合出残差项，就可以得到企业—产品—国家—年份层面的出口产品质量：

$$quality_{imt} = \ln \hat{\lambda}_{imt} = \frac{\hat{\varepsilon}_{imt}}{(\sigma-1)} = \frac{\ln q_{imt} - \ln \hat{q}_{imt}}{(\sigma-1)} \qquad (6-11)$$

其中，产品弹性 σ 需要人为计算，本书使用索德伯里（Soderbery，2018）提供的产品弹性，他是在供给弹性异质性的假设下计算的产品弹性。但是，由式（6-3）计算得出的产品质量不可比较，本书借鉴施炳展（2014）的做法，将产品质量进行标准化：

$$QST = \frac{quality_{imt} - \min quality_{imt}}{\max quality_{imt} - \min quality_{imt}} \qquad (6-12)$$

max 和 min 代表对变量求最大值和最小值，它是针对某一 HS 产品，在所有年份、所有企业和所有出口国层面的最大值和最小值。由式（6-12）计算得到的产品质量是每个企业在每种产品、年份和市场上的标准化质量指标，该指标可以在不同层面进行加总和比较。最后，企业出口产品质量由下式计算所得：

$$TQ = \frac{v_{imt}}{\sum_{imt \in \Omega} v_{imt}} \times QST \qquad (6-13)$$

其中，v_{imt} 表示企业出口产品的价值量，Ω 表示企业出口产品种类集合。TQ 表示企业总体的出口产品质量。

本图将企业出口总额作为权重将企业出口产品质量进行加总（见图6-1），计算得到2000~2007年中国企业出口产品质量的年度平均值。从变化趋势上来看，从2000~2007年间中国企业出口产品质量总体上呈现上升趋势，且加工贸易出口的产品质量高于一般贸易，这与施炳展（2014）的测算结果是一致的。但是在2007年加工贸易出口产品质量出现下降，且带动总体出口产品质量出现下降，其主要原因可能在于，中国的出口加工贸易订单主要来自发达国家，而自2007年以后首先在美国爆发的金融危机迅速波及全球，欧洲的主要发达国家也深受其害，导致中国出口加工贸易订单受损，产品质量降低。

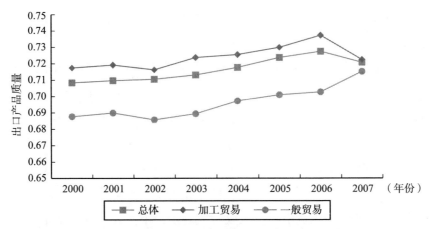

图 6 – 1 2000 ~ 2007 年中国制造业出口产品质量

资料来源：笔者根据海关数据计算结果绘制。

6.3 数据、指标和模型

本书主要使用三套数据，分别是中国工业企业数据、中国海关数据和中国投入产出表数据，数据处理方法与第 5 章一致。本章主要研究进口投入品的垂直溢出对企业出口产品质量的影响。借鉴一般研究的做法，本书设定如下实证研究模型：

$$Qua_{it} = \alpha_0 + \alpha_1 imsp_{it} + \alpha_2 X_{it} + \vec{\varphi} + \varepsilon_{it} \qquad (6-14)$$

其中，被解释变量是前面计算得到的企业出口产品质量；解释变量即进口投入品的垂直溢出（$imsp_i$），该变量是在识别了进口企业所属行业的基础上，将进口投入品按照进口企业所属行业进行加总，计算得到进口投入品总额与其行业总产值之比，并通过中国投入产出表计算得到的垂直溢出指标，该变量又分为前向溢出（FL）和后向溢出（BL）。其中，前向溢出是指上游行业进口投入品对下游行业产生的溢出效应，后向溢出是指下游行业进口投入品对上游行业产生的溢出效应（计算方法见第五章）；$\vec{\varphi}$ 是一系列的固定效应，主要包括个体效应、时间效应、地区效应和行业效应；ε_{it} 是随机误差项。

X_{it} 是一系列的控制变量，主要包括：企业进口（IM）。使用工业企业数据库与海关数据库匹配所得，若某企业进口外国投入品，则 $IM=1$，否则 $IM=0$。中间品进口与企业出口产品质量密切相关，许家云等（2017）的研究表明，进口中间品显著促进了企业出口产品质量的提高；劳动投入（$\ln L$）使用企业的就业人数取对数衡量；资本投入（$\ln K$）用企业资产总额取对数表示；工业中间投入（$\ln input$）使用企业的工业中间投入取对数表示；企业人力资本水平（$\ln salary$）使用企业的人均工资取对数表示；所有制结构（$ownership$）是企业所有制的虚拟变量；地区生产总值（$\ln pergdp$）是省份层面的人均 GDP 取对数；交通便利程度（$\ln trans$）使用地区高速公路和铁路里程与面积的比值来衡量；外资进入程度（FDI）使用行业层面外资企业总产值与行业工业总产值的比值衡量。以上各指标均使用相应的价格指数进行了平减，以消除价格因素的影响。各变量的描述性统计如表 6-1 所示。

表 6-1　　　　　　　　　　变量描述性统计

变量	(1) Obs	(2) Mean	(3) Std. dev.	(4) Min	(5) Max
Qua	225173	0.642	0.117	0.273	0.910
FL	225173	0.059	0.046	0.003	0.317
BL	225173	0.071	0.110	0.000	0.601
IM	225173	0.607	0.488	0.000	1.000
$\ln L$	225173	5.323	1.094	2.565	7.847
$\ln K$	225173	8.917	1.669	4.440	12.900

续表

变量	(1) Obs	(2) Mean	(3) Std. dev.	(4) Min	(5) Max
lninput	225173	10. 100	1. 320	6. 282	13. 658
lnsalary	225173	2. 595	0. 654	− 6. 109	7. 530
ownership	225173	4. 259	1. 476	0. 000	6. 000
lnpergdp	225173	9. 397	0. 394	7. 801	10. 347
lntrans	225173	6. 573	0. 467	3. 101	7. 509
FDI	225173	0. 374	0. 159	0. 017	0. 947

6.4 实证研究

6.4.1 基准回归

本章节主要研究进口投入品垂直溢出对企业出口产品质量的影响，基准回归的结果呈现如表 6 - 2 所示。其中，列（1）和列（2）是关于前向溢出的回归结果，列（3）和列（4）是关于后向溢出的回归结果。在列（2）中加入了所有的控制变量，且同时控制了地区和行业固定效应后，回归结果显示进口投入品的前向溢出显著促进了企业出口产品质量的提高。列（2）中，进口投入品前向溢出系数为0.2573，这说明上游行业进口投入品份额提高 1 个百分点会促进企业出口产品质量增加0.25%。在列（4）中加入了控制变量，同时控制了地区和行业固定效应后，回归结果显示后向溢出负向影响了企业出口产品质量，且在 1% 的水平上显著。列（4）的系数为 − 0.0927，即下游行业进口投入品份额提高1个百分点会降低企业出口产品质量0.09%。这一结果说明，下游行业的投入品进口行为显著降低了上游行业的企业出口产品质量，其原因在于进口投入品带来的市场竞争的负面作用大于逆向学习效应带来的促进作用，导致两种作用的合力是负的。由此可知，本书的实证结果验证了假说6－1和假说6－3。

表 6－2   基准回归

变量	(1)	(2)	(3)	(4)
	前向溢出		后向溢出	
FL	0.0592 *** (0.014)	0.2573 *** (0.041)		
BL			−0.0228 *** (0.004)	−0.0927 *** (0.015)
IM		0.0122 *** (0.001)		0.0122 *** (0.001)
$\ln L$		0.0077 *** (0.001)		0.0075 *** (0.001)
$\ln K$		0.0011 *** (0.000)		0.0011 *** (0.000)
$\ln input$		0.0144 *** (0.000)		0.0144 *** (0.000)
$\ln salary$		0.0017 *** (0.000)		0.0017 *** (0.000)
$ownership$		−0.0002 (0.000)		−0.0002 (0.000)
$\ln pergdp$		0.0000 ** (0.000)		0.0000 ** (0.000)

续表

变量	（1）	（2）	（3）	（4）
	前向溢出		后向溢出	
ln*trans*		0.0051 *** (0.002)		0.0059 *** (0.002)
FDI		0.0828 *** (0.010)		0.0786 *** (0.010)
个体效应	Yes	Yes	Yes	Yes
年份效应	Yes	Yes	Yes	Yes
地区效应	No	Yes	No	Yes
行业效应	No	Yes	No	Yes
Observations	202197	201281	202197	201281
R－squared	0.790	0.796	0.790	0.796

注：**和***分别表示在5%和1%的显著性水平上显著。

6.4.2 稳健性检验

（1）控制企业生产率。

如第 5 章的研究表明，进口投入品的垂直溢出对企业生产率有显著的正向促进作用，生产率是促进企业出口增长的重要渠道。同样，企业生产率的增长也会促进企业出口产品质量的提高（许家云等，2017），这说明企业生产率也是进口投入品垂直溢出影响企业出口产品质量的重要渠道。本书在基准回归中进一步控制企业生产率变量，回归结果呈现见表 6－3 的列（1）和列（2）。研究结果显示，生产率显著促进了企业出口产品质量的提高，但是同时并没有改变本书解释变量的回归结果。前向溢出对企业出口产品质量的影响显著为正，后向溢出对产品质量的影响仍然显著为负，这证明了本书结论的稳健性。

表6-3　　　　　　　　　稳健性检验

变量	（1）	（2）	（3）	（4）
	控制企业生产率		更换解释变量测度方式	
L. FL	0.2493 *** (0.041)		0.0135 *** (0.017)	
L. BL		-0.0973 *** (0.015)		-0.0081 *** (0.004)
TFP	0.0032 *** (0.000)	0.0032 *** (0.000)		
控制变量	Yes	Yes	Yes	Yes
个体效应	Yes	Yes	Yes	Yes
年份效应	Yes	Yes	Yes	Yes
地区效应	Yes	Yes	Yes	Yes
行业效应	Yes	Yes	Yes	Yes
Observations	197845	197845	197845	197845
R - squared	0.797	0.797	0.796	0.796

注：***表示在1%的显著性水平上显著。

（2）更换解释变量的测度方式。

基准回归中解释变量指标借鉴了李磊等（2018）的研究，使用行业进口总额与行业总产值的比值衡量行业的进口比重，并将行业进口比重与投入产出表相结合计算进口投入品的垂直溢出指标。若改变了进口投入品垂直溢出的衡量指标，回归结果也随之变化的话，那么就不能认为本书的结果是稳健的。因此，本书使用由行业进口投入品总额计算得到的垂直溢出指标（取对数）作为自变量进行稳健性检验。如表 6－3 列（3）和列（4）所示，本书增加了相应的控制变量和固定效应，回归结果显示，进口投入品的前向溢出对出口质量的影响显著为正，后向溢出对出口质量的影响显著为负，这一结果与本书基准回归一致。

6.4.3　内生性处理

（1）使用滞后期回归。

处理实证研究中存在的潜在内生性问题的一个简便方式是使用自变量的滞后项进行回归分析，因为当期的被解释变量并不会影响上一期的自变量，这样就有效避免了双向因果带来的内生性问题（见表 6－4）。如表 6－4 列（1）和列（2）所示，本书使用自变量的滞后项进行回归分析，回归结果显示前向溢出对企业出口产品质量的影响是显著为正的。后向溢出对出口产品质量的影响系数仍然为负，且在 1% 的水平上显著。这进一步证明了本书结论的稳健性。

（2）两阶段最小二乘估计。

由于本书的被解释变量是企业变量，而解释变量是行业变量，且是由其他行业（上游或下游）的进口行为决定的，因此本书的研究可能并不存在严重的内生性问题，但是为了严谨起见，本书将对内生性问题进行进一步的处理。

考虑到使用工具变量法需排除潜在的内生性干扰，本章选择进口关税作为进口投入品的工具变量。一方面，中国的进口关税变化是由中央政府制定，与企业的出口并不直接相关；另一方面，进口关税会影响进口产品的成本，与进口决策相关，这就满足了工具变量选择的相关性和排他性原则。使用关税作为进口的工具变量也是相关研究的通行做法，例如，冯等（Feng et al.，2016）的研究使用企业层面的进口关税作为进口中间品的工具变量研究了进口中间品对企业出口的影响；谢谦等（2021）的研究，使用进口关税作为进口内嵌技术含量的工具变量，研究了企业进口技术含量对企业生产率的促进作用。但是本书的研究不同于企业进口，本书必须在行业层面上构建上下游进口关税水平，行业层面的进口关税构造方法如下：

$$Tariff_{jt} = \sum_{jit} \alpha_{jit} \cdot tariff_{it} = \sum_{i} \frac{IM_{jit}}{\sum_{i} IM_{jit}} \cdot tariff_{it} \qquad (6-15)$$

其中，IM_{jit} 是 j 行业在 t 年进口的 i 产品的总额，α_{jit} 是 j 行业在 t 年进口产品 i 占总进口的比例，$tariff_{it}$ 是 i 产品在 t 年的进口关税。由于某种产品的进口量有可能会随着该产品进口关税的变化而变化，因此为了进一步排除内生性的干扰，借鉴冯等（2016）的做法，本书使用的 α_{jit} 是 2000 年的进口权重作为不变权重。在得到行业进口关税水平后，再与投入产出表结合，计算出上游行业的进口关税加权和下游行业的进口关税加权，即可作为本书进口投入品垂直溢出的工具变量。

使用两阶段最小二乘估计的回归结果呈现于表 6－4 的列（3）和列（4），从表中可以看到，弱工具变量检验结果说明工具变量与内生变量是相关的，即工具变量的选择是合理的。从回归结果来看，前向溢出对出口产品质量的影响为 0.5218，后向溢出对出口产品质量的影响为 －0.1727，且均显著。这一结论与前面的基准回归分析结果一致。

表6-4   内生性处理

变量	（1）	（2）	（3）	（4）
	使用滞后项回归		两阶段最小二乘估计	
FL	0.0263 * (0.015)		0.5218 *** (0.197)	
BL		-0.0121 *** (0.004)		-0.1727 *** (0.036)
控制变量	Yes	Yes	Yes	Yes
个体效应	Yes	Yes	Yes	Yes
年份效应	Yes	Yes	Yes	Yes
地区效应	Yes	Yes	Yes	Yes
行业效应	Yes	Yes	Yes	Yes
Observations	122646	122646	201281	201281
Kleibergen – Paaprk Wald Fstatistic			627.924	528.374

注：***表示1%的显著性水平。

6.4.4 异质性分析

（1）进口贸易方式的异质性。

对样本进行异质性分析，是厘清解释变量对被解释变量影响机制的重要渠道。在这里，本书首先关注的是进口贸易方式的异质性，如表6-5所示，列（1）和列（2）是关于进口贸易方式的异质性分析。本书将一般贸易进口（*nor*）和加工贸易进口（*pro*）分开，并分别计算其前向溢出和后向溢出。从前向溢出来看，不管是一般贸易进口还是加工贸易进口，都显著促进了企业出口产品质量的增长。从后向溢出来看，一般贸易进口负向影响了企业出口产品质量，且在1%的水平上显著；而加工贸易进口的后向溢出显著促进了企业出口产品质量的提高。

表 6 – 5 异质性分析一

变量	（1）	（2）	（3）	（4）
	不同进口贸易方式的异质性分析		不同进口来源国的异质性分析	
FL_nor	0.3157 *** （0.045）			
FL_pro	0.1285 ** （0.065）			
BL_nor		– 0.4364 *** （0.050）		
BL_pro		0.0621 ** （0.026）		
FL_g7			0.2418 *** （0.061）	
FL_ng7			0.2706 *** （0.051）	
BL_g7				– 0.0643 * （0.035）
BL_ng7				– 0.1199 *** （0.032）
控制变量	Yes	Yes	Yes	Yes
个体效应	Yes	Yes	Yes	Yes
年份效应	Yes	Yes	Yes	Yes
地区效应	Yes	Yes	Yes	Yes
行业效应	Yes	Yes	Yes	Yes
Observations	201281	201281	201281	201281
R – squared	0.796	0.796	0.796	0.796

注：*、**和***分别表示10%、5%和1%的显著性水平。

从后向溢出的回归结果来看，加工贸易的溢出效应较大。其可能的原因在于，下游行业进口投入品对上游企业主要有两种作用：一是市场竞争效应，它会侵蚀国内上游中间品供应商的市场份额，减少企业的利润进而降低企业的竞争力；二是下游进口投入品对上游厂商产生逆向学习效应，使国内上游供应商更加容易获得外国高质量产品的技术信息，降低国内厂商的技术模仿和产品质量升级的难度。这两种作用的结果是相反的，进口投入品的后向溢出对企业出口的影响将取决于其合力。通过一般贸易进口的产品会跟国内上游企业产生直接的竞争关系，市场竞争的负面作用较大，因此表现为一般贸易进口的后向溢出显著为负。而加工贸易进口的后向溢出显著为正，这是因为加工贸易往往具有"为出口而进口"的特征，通过加工贸易进口的投入品并不影响国内供应商的市场份额，没有构成直接的竞争关系，但是加工贸易进口却可以对上游企业产生逆向学习效应，这就使加工贸易进口投入品的后向溢出显著促进了企业出口产品质量提高。

（2）进口来源国的异质性。

本书进一步按照进口来源将进口总额分成两个部分：来自 G7 国家（七国联盟）的进口（g7）和非 G7 国家的进口（ng7），并分别计算了它们的前向溢出和后向溢出。G7 国家是当今世界上主要的几个发达国家，一般来说，从发达国家进口的产品质量和技术水平较高，从非发达国家进口的产品质量和技术水平较低。在表 6-5 列（3）和列（4），本书汇报了关于不同进口来源国的异质性分析。实证结果表明，在进口来源国这一层面上，并不存在显著的异质性。不管是来自 G7 国家的进口还是非 G7 国家，其前向溢出对企业出口产品质量的影响均显著为正，且系数大小上也不存在明显的差异；从后向溢出来看，也均表现为对企业出口产品质量存在一个显著的负向效应。从理论上来说，由于来自 G7 国家的进口投入品的质量和技术含量较高，可能会带来更大的技术学习效应，但是本书并没有观察到这种差异。出现这种结果的原因，其一可能是存在技术吸收门槛问题，一般来说只有达到技术前沿的企业可以更好地吸收和利用进口产品中的技术含量，但是由于发达国家技术水平较高，导致技术和质量的获取和模仿难度较大。其二可能是虽然来自发达国家的产品带来的学习效应可能更大，但是同样带来的市场竞争的负面作用也较大。

（3）企业所有制差异。

除进口贸易方式以及进口来源国差异之外，本书额外关注企业所有制带来的差异性。一般来说，私有企业和外资企业的管理和研发效率更高，而国有企业的经营效率较低。在这里，本书将国有资本和集体资本占总资本比重大于50%的企业设定为国有企业，并将国有企业的虚拟变量和国有企业与解释变量的交互引入回归模型中，回归结果呈现如表6-6所示。在列（1）中，前向溢出对产品质量的影响为0.2564，前向溢出与国有企业的交互项系数为-0.1222，且均显著，这说明前向溢出对国有企业的促进作用较小。在列（2）中，后向溢出和后向溢出与国有企业的交互项的系数分别为-0.0918和-0.0257，说明后向溢出对国有企业出口产品质量的负面影响较大。综合来看，这一回归结果与本书的预期是一致的。

（4）分地区异质性。

中国各地区经济发展水平具有较大差异，不同地区融入国内价值链的程度不同，进出口强度也差距较大。本书进一步关注进口投入品对企业出口产品质量影响的分地区异质性，回归结果呈现如表6-6所示的列（3）和列（4）。从回归结果来看，前向溢出与东部地区的交互项的系数为0.1546，且在1%水平上显著，说明进口前向溢出对东部地区企业的出口产品质量促进作用较大。从后向溢出来看，后向溢出与东部地区的交互项的系数为 0.0410，这说明虽然进口后向溢出降低了企业产品质量，但是这种负面作用对东部地区的企业影响较小。由于中西部地区企业的竞争能力较弱，所以导致其受到的市场竞争效应的负面影响更大。

表6-6　　　　　　　　　　异质性分析二

变量	（1）	（2）	（3）	（4）
	企业所有制异质性		分地区异质性	
FL	0.2564 *** （0.041）			
FL * 国有企业	-0.1222 *** （0.028）			
BL		-0.0918 *** （0.015）		
BL * 国有企业		-0.0257 *** （0.010）		
FL			0.1130 * （0.063）	
FL * 东部地区			0.1546 *** （0.051）	
BL				-0.1307 *** （0.022）
BL * 东部地区				0.0410 ** （0.017）
控制变量	Yes	Yes	Yes	Yes
个体效应	Yes	Yes	Yes	Yes
年份效应	Yes	Yes	Yes	Yes
地区效应	Yes	Yes	Yes	Yes

续表

变量	（1）	（2）	（3）	（4）
	企业所有制异质性		分地区异质性	
行业效应	Yes	Yes	Yes	Yes
Observations	201281	201281	201281	201281
R－squared	0.796	0.796	0.796	0.796

注：＊、＊＊和＊＊＊分别表示10%、5%和1%的显著性水平。

6.5 溢出渠道研究

6.5.1 进口产品内嵌技术水平

国际贸易是国际间技术溢出最重要的渠道之一（Eaton & Kortum，2002），本国企业进口的外国投入品是外国技术成果的体现。国内厂商通过进口投入品，接触到了外国投入品中蕴含的先进技术水平和技术成果。由于知识的非竞争性特点，国内厂商可以通过学习和模仿外国投入品，产生自身的技术创新和生产率增长，并最终通过国内产业链将这些知识向产业链上游和下游企业传播。由此可见，进口投入品的技术水平是进口投入品垂直溢出的关键因素，它决定了进口投入品带来的技术溢出效应和逆向学习效应。进口投入品中内嵌的技术水平越高，则进口投入品垂直溢出对上下游关联企业的出口升级促进作用越大。因此本书预期进口投入品内嵌技术水平的前向溢出和后向溢出可以显著促进企业出口产品质量提升。

借鉴西冈和里波尔（Nishioka & Ripoll，2012）的研究，本书使用进口产品中内嵌的研发存量来衡量进口产品中蕴含的技术含量，计算方式如下：

$$Spill_{jt} = \sum_m \frac{import_{jmt}}{GDP_{mt}} S_{mt}^d \qquad (6-16)$$

其中，$Spill_{jt}$ 表示 j 行业在 t 年通过进口投入品获得的国外研发存量；$import_{jmt}$ 表示 j 行业在 t 年从 m 国进口的投入品总额；S_{mt}^d 表示 m 国在 t 年的国内研发存量，使用永续存盘法计算，研发资本折旧率设定为 5%；GDP_{mt} 表示各国的国内生产总值。各国的国内生产总值数据和研发投入数据来自世界银行数据库，中国台湾地区的相关数据通过中国统计年鉴获得。最后，将行业层面的进口产品内嵌技术水平与投入产出表相结合，分别计算出进口技术水平的前向溢出（FL_spill）和后向溢出（BL_spill）。

在本章基准回归模型的基础上，本书将进口投入品内嵌技术水平的前向溢出和后向溢出引入回归模型（见表 6-7）。在列（1）和列（2）中，本书未加入控制变量以及地区和行业固定效应，在列（3）和列（4）中，本书加入了所有的控制变量以及地区和行业固定效应。在完整的回归模型中，进口投入品内嵌技术水平的前向溢出和后向溢出对出口产品质量的影响均显著为正，其系数分别为 0.0184 和 0.0051。这一研究结果说明进口投入品通过内嵌在其中的技术水平，产生了技术溢出效应和逆向学习效应，促进了上下游企业出口产品质量的提高。

表 6-7　　　　　溢出渠道研究：进口产品内嵌技术水平

变量	(1)	(2)	(3)	(4)
	前向溢出		后向溢出	
FL_spill	0.0029 ***	0.0184 ***		
	(0.001)	(0.003)		

变量	(1)	(2)	(3)	(4)
	前向溢出		后向溢出	
BL_spill			0.0004 (0.000)	0.0051** (0.002)
控制变量	No	Yes	No	Yes
个体效应	Yes	Yes	Yes	Yes
年份效应	Yes	Yes	Yes	Yes
地区效应	No	Yes	No	Yes
行业效应	No	Yes	No	Yes
Observations	202197	201281	202195	201279
R – squared	0.790	0.796	0.790	0.796

注：**和***分别表示5%和1%的显著性水平。

6.5.2 进口产品质量

进口产品质量对企业的生产率、产品质量、技术创新具有重要作用（许家云等，2017；张杰等，2015；魏浩和林薛栋，2017）。同样，进口产品质量提高带来的收益也可以通过国内产业关联向其他企业扩散。为了进一步研究进口投入品垂直溢出的潜在渠道，本书考虑计算进口产品质量的垂直溢出指标。借鉴魏浩和林薛栋（2017）的方法计算行业层面的进口投入品质量，其计算公式为：

$$\ln q_{ihct} = -\sigma \ln p_{ihct} + \alpha_t + \alpha_{ct} pop_{ct} + \varepsilon \qquad (6-17)$$

其中，q_{ihct} 和 p_{ihct} 是 t 期企业 i 从 c 国进口 h 产品的数量和价格，α_t 表示时间固定效应，pop_{ct} 表示进口来源国的人口规模，σ 为价格弹性的绝对值，本书使用的是索德伯里（Soderbery，2018）估算的产品弹性。产品质量为 $\hat{\lambda}_{ihct} = \hat{\varepsilon}_{ihct}/(\sigma-1)$，该产品质量是某一企业在某一年从某一市场进口的某一种产品的产品质量。将产品质量进行标准化后，再在行业层面加总即可得到行业进口产品质量。最后，将计算得到的行业进口产品质量与投入产出表结合计算出行业进口产品质量的前向溢出和后向溢出即可。

在本章基准回归模型的基础上，本书将行业进口产品质量的前向溢出和后向溢出引入回归模型（见表 6 - 8）。在列（1）和列（2）中，本书未加入控制变量以及地区和行业固定效应，在列（3）和列（4）中，本书加入了所有的控制变量以及地区和行业固定效应。由回归结果可知，进口产品质量的前向溢出对企业出口产品质量的影响显著为正，其系数为 0.8300，这说明进口投入品的前向溢出通过质量提升效应促进了下游企业出口质量的提升。

从后向溢出的回归结果来看，进口产品质量的后向对企业出口产品质量的影响显著为负，其系数为 - 0.0938。下游行业进口投入品的产品质量提高，虽然会产生逆向学习效应，但同时也会带来较强的市场竞争效应，由于国内投入品的质量较低，下游行业转而进口外国投入品，这会进一步降低上游企业的市场份额和研发创新能力，进而降低上游企业的出口产品质量。综合来看，进口产品质量的后向溢出降低了企业出口产品质量，其原因在于市场竞争效应的负面冲击大于逆向学习效应的促进作用。

表 6 - 8 溢出渠道研究：进口产品质量

变量	(1)	(2)	(3)	(4)
	前向溢出		后向溢出	
$FL\_quality$	0.1602 *** (0.021)	0.8300 *** (0.054)		
$BL\_quality$			- 0.0313 *** (0.006)	- 0.0938 *** (0.017)

续表

变量	(1)	(2)	(3)	(4)
	前向溢出		后向溢出	
控制变量	No	Yes	No	Yes
个体效应	Yes	Yes	Yes	Yes
年份效应	Yes	Yes	Yes	Yes
地区效应	No	Yes	No	Yes
行业效应	No	Yes	No	Yes
Observations	202197	201281	202197	201281
R – squared	0.790	0.796	0.790	0.796

注：***表示1%的显著性水平。

6.6　进一步研究：质量前沿距离的影响

本书试图通过企业与质量前沿的距离这一视角进一步分析进口投入品垂直溢出对企业出口产品质量的影响。企业与质量前沿的距离衡量了企业产品质量的大小，企业与前沿距离越近则说明企业产品质量越高，与质量前沿距离越远则说明企业产品质量越低（Amiti & Khandelwal，2013；汪建新，2014）。

借鉴一般关于质量前沿距离和技术距离的研究的思想（Amiti & Khandelwal，2013；孙浦阳等，2015），本书首先将每个行业中企业产品质量处于75分位数的样本设为高质量组，其余部分企业设为低质量组进行分组回归。列（1）和列（2）的结果表明（见表6-9），进口投入品的前向溢出对低质量组和高质量组企业的出口产品质量均有显著的促进作用。为了进一步验证这一结论的稳健性，并且进一步研究低质量组和高质量组的组间差异，本书将进口投入品垂直溢出与高质量企业的虚拟变量交乘，通过引入交互项进行回归分析。从列（5）可以看到，交互项 $FL*high$ 的系数不显著，说明进口前向溢出对远离和靠近质量前沿的企业的作用没有显著差别，均能促进他们出口产品质量升级。

表 6 – 9 　　　　　　　　　　考虑与质量前沿距离的影响

变量	（1）	（2）	（3）	（4）	（5）	（6）
	分组回归				交互项回归	
	低质量组	高质量组	低质量组	高质量组		
FL	0. 0806 * (0. 043)	0. 0788 *** (0. 012)			0. 1335 *** (0. 033)	
BL			– 0. 1091 *** (0. 015)	0. 0279 *** (0. 005)		– 0. 0800 *** (0. 012)
$FL*high$					0. 0022 (0. 015)	
$BL*high$						0. 1198 *** (0. 027)
$high$					0. 1129 *** (0. 001)	0. 1116 *** (0. 001)
控制变量	Yes	Yes	Yes	Yes	Yes	Yes
个体效应	Yes	Yes	Yes	Yes	Yes	Yes
年份效应	Yes	Yes	Yes	Yes	Yes	Yes
地区效应	Yes	Yes	Yes	Yes	Yes	Yes
行业效应	Yes	Yes	Yes	Yes	Yes	Yes
Observations	143987	45947	143987	45947	201281	201281
R – squared	0. 753	0. 770	0. 753	0. 770	0. 853	0. 853

注：* 和 *** 分别表示 10% 和 1% 的显著性水平。

列（3）和列（4）的结果表明，进口投入品的后向溢出对低质量组的影响系数为 -0.1091，对高质量组的影响系数为 0.0279，且均在 1% 的水平上显著。从列（6）的交互项回归可以看到，直接项（BL）的回归系数为 -0.0800，交互项 $BL * high$ 的回归系数为 0.1198，且两个系数均在 1% 的水平上显著。这说明进口投入品后向溢出对低质量企业的影响为 -0.08，对高质量企业的影响为 $-0.08 + 0.1198 = 0.0398$。

综合列（3）、列（4）和列（6）的结果可知，进口投入品后向溢出显著降低了远离质量前沿企业的出口产品质量，却显著促进了距离质量前沿较近的企业的出口产品质量提高。这一结果与本书的基准回归结论有一定的差异。其原因在于，当企业自身的产品质量水平更高时，与质量前沿的距离较近，可以使企业面对下游进口带来的市场竞争效应和逆向学习效应时更高效率地进行研发创新，以达到下游企业对投入品质量的需求，且此时企业技术创新的潜在收益更大，进而产生"逃避竞争效应"。若企业的产品质量水平过低，在面对市场竞争时，更加容易被市场淘汰，同时由于与质量前沿距离过远，导致企业技术升级的成本和难度加大，最后更可能产生"熊彼特效应"，甚至导致企业退出市场。因此表现为进口投入品后向溢出显著降低了低产品质量企业的出口产品质量，却显著促进了高产品质量企业的出口产品质量提高，这一回归结果更进一步揭示了后向溢出带来的市场竞争效应的作用机制。

6.7 本章小结

本章研究了进口投入品垂直溢出对企业出口产品质量的影响。在

6.1 节中，本书在哈拉克和斯瓦达桑（Hallak & Sivadasan，2013）的质量决定模型的基础上，分析了进口投入品前向溢出和后向溢出对企业出口产品质量的影响机制，并提出了相应的研究假说。在 6.2 节中介绍了本书所使用的出口产品质量的测算方法，本书在施炳展和邵文波（2014）、沈国兵和袁征宇（2020）方法的基础上计算了中国制造业企业出口产品质量。在 6.3 节介绍了本章实证研究用到的数据和变量，并根据质量决定模型和当前关于企业出口产品质量的一般研究，设定了本书的实证模型。

在 6.4 节中，本书进行了相关实证研究。首先，通过逐步加入控制变量和固定效应的方式进行了基准回归分析；其次，通过控制企业生产率、改变自变量的测度方式、使用自变量的滞后项回归以及使用两阶段最小二乘估计进一步进行了稳健性检验。研究发现进口投入品的前向溢出显著促进了企业出口产品质量的提高，后向溢出显著降低了企业出口产品质量。平均来看，进口投入品前向溢出增加 1 个百分点会促进出口产品质量提高 0.25%；进口投入品后向溢出增加 1 百分点会导致企业出口产品质量降低 0.09%。

通过考虑进口贸易方式、进口来源国、企业所有制和企业所处地区的差异进行了异质性研究。具体来说，对于进口贸易方式的异质性分析表明，不同贸易方式进口的前向溢出对产品质量的影响均显著为正；一般贸易进口的后向溢出由于带来了较大的市场竞争的负面冲击，对产品质量的影响显著为负；加工贸易进口的后向溢出对产品质量的影响显著为正。通过企业所有制和不同地区之间的异质性分析发现，国有企业和中西部地区企业受到的正向溢出作用较小，而负面溢出作用较大。

在 6.5 节中，本书考察了进口投入品的溢出渠道。研究结果表明进口产品内嵌技术水平的前向溢出和后向溢出通过技术溢出效应和逆向学习效应促进了企业出口质量的提升。进口产品质量的前向溢出通过质量提升效应显著地促进了企业出口产品质量，而进口产品质量的后向溢出显著降低了企业出口产品质量，其原因在于下游行业进口产品质量提高带来的市场竞争的负面冲击大于逆向学习效应的促进作用。

在 6.6 节中，对质量前沿距离的研究发现，进口投入品的前向溢出对与质量前沿距离较近和较远的企业的促进作用没有显著区别。进口投入品的后向溢出对与质量前沿距离较远的企业的影响显著为负，但是却可以显著促进与质量前沿距离较近的企业出口产品质量的提高，即进口投入品的后向溢出带来的市场竞争效应对初始产品质量较低的企业产生了"熊彼特效应"，对初始产品质量较高的企业产生了"逃避竞争效应"。

第7章 进口投入品垂直溢出对企业出口产品技术升级的影响

豪斯曼和罗德里克 (Hausmann & Rodrik, 2003) 的"成本发现"理论指出，出口企业在开发和生产高技术水平商品过程中所产生的示范效应，能够吸引生产要素向相关产业转移，从而可以带动总体生产率的提高。大量跨国研究证明采取"有限赶超"战略的国家，即出口了更多高复杂度产品的国家能够使其经济实现更迅速地发展 (Hausmann et al., 2007; 杨汝岱和姚洋, 2008)。如果中国出口产品始终局限在劳动密集型的低端制造业，那么即使中国出口产品的规模和产品质量提高，也无法有效提高中国经济发展的质量，更加不可能无法突破全球价值链上来自国际大买家的控制和"低端锁定"效应。

虽然已有文献对于我国出口技术复杂度升级现象的解释视角已比较丰富，例如，吸引外资、对外投资、贸易自由化、知识产权保护、环境规制等 (Xu & Lu, 2009; 刘维林等, 2014; 杨连星和刘晓光, 2016; 盛斌和毛其淋, 2017; 代中强, 2014; 余娟娟, 2015)。但是还没有从进口投入品垂直溢出的角度进行深入的探讨。从理论上来说，进口投入品中蕴含的技术水平可以通过国内产业链向上游和下游企业传播，进而影响企业出口技术复杂度，但其最终的影响如何，以及如何产生影响尚不清楚。本章基于此问题，探究了进口投入品的前向溢出和后向溢出对企业出口技术复杂度的影响。

7.1　理论模型与机制分析

本书参照豪斯曼等（Hausmann et al., 2007）和祝树金等（2010）的"成本发现"模型来分析进口投入品垂直溢出对出口技术复杂度的影响。假定一国出口企业的生产函数是规模报酬不变的 C – D 生产函数，且生产技术是希克斯中性的，则生产函数为：

$$Y = AK^a L^b N^c \qquad (7-1)$$

其中，Y 代表产出，K、L、N 分别代表资本、劳动投入和自然资源，且 $a+b+c=1$。A 为全要素生产率，表示资本、劳动和资源要素组合生产技术参数，它在 $[0, h]$ 区间内一致均匀分布。h 表示行业的技术复杂程度，h 越大意味着行业的生产率水平越高。假设行业的技术复杂度 h 取决于内部知识 D（如研发和人力资本）和外部知识 F（如 FDI 和进口贸易）以及促进内部和外部知识积累的其他要素 O（如制度），则有 $h=f(D, F, O)$。

按照"成本发现"理论，一个出口企业会在新项目和原来项目中进行选择。本书假定 A^{max} 代表了行业中的最高生产率水平，模型企业的模仿效率是 α，模仿效率受到企业研发强度（R）、企业规模（S）和信息成本（M）等的影响，则有 $\alpha = \Phi(R, S, M)$，且 $0 < \alpha < 1$。如果投资者 i 的生产率 $A^i \geqslant \alpha A^{max}$，则其会继续现有项目；如果 $A^i < \alpha A^{max}$，为了获得更多的利润，则企业会进行模仿，并投资新的项目。假设企业的数量为 m，则 $E(A^{max}) = hm/(m+1)$。进而得到投资者 i 选择保持原有项目和投资新项目的概率与预期生产率水平：

$$prob(A_i \geqslant \alpha A^{max}) = 1 - \frac{\alpha E(A^{max})}{h} = 1 - \frac{am}{m+1} \qquad (7-2)$$

$$E(A_i \mid A_i \geqslant \alpha A^{\max}) = \frac{1}{2}\left[h + \alpha E(A^{\max})\right] = \frac{1}{2}h\left(1 + \frac{\alpha m}{m+1}\right) \quad (7-3)$$

$$prob(A_i < \alpha A^{\max}) = \frac{\alpha E(A^{\max})}{h} = \frac{am}{m+1} \quad (7-4)$$

$$E(A_i \mid A_i < \alpha A^{\max}) = \alpha E(A^{\max}) = h\left(\frac{\alpha m}{m+1}\right) \quad (7-5)$$

进而可以得到整个行业的平均预期生产率水平:

$$E(A) = \bar{A} = \frac{1}{2}h\left[1 + \left(\frac{\alpha m}{m+1}\right)^2\right] \quad (7-6)$$

将 h 和 α 代入, 得到行业出口技术复杂度的决定函数:

$$E(A) = \frac{1}{2}\left[1 + \left(\frac{\Phi(R,\ S,\ M)}{m+1}\right)^2\right] \cdot f(D,\ F,\ O) \quad (7-7)$$

式 (7-7) 表明, 出口技术复杂度取决于全要素生产率 $h = f(D,\ F,\ O)$ 和企业模仿效率 $\alpha = \Phi(R,\ S,\ M)$。根据上述理论模型, 只要进口投入品垂直溢出能影响上述任一决定因素, 就能提高或者降低一国企业出口技术复杂度。

从进口投入品的前向溢出来看, 当上游行业进口外国投入品时, 首先, 会对下游行业产生技术溢出效应。外国投入品中的技术信息会蕴含在上游行业自身生产的国内中间产品中, 随着国内产业关联向下游企业传播, 同时还有可能会随着技术人员和管理经验的转移, 提高下游行业的技术水平和生产率, 也会降低企业获取技术信息的成本, 提高企业的模仿效率。其次, 上游行业进口外国高质量的投入品会产生产品质量提升效应, 下游行业可以更容易地获取到高质量的中间投入品, 为企业进一步的技术创新提供了条件, 进而提高企业生产率水平和产品技术复杂度。上游行业进口投入品同样会激活国内投入品市场竞争, 降低下游企业的生产综合成本, 可以为下游企业创造更多利润空间, 为技术创新积累资金, 促进企业产品结构和技术复杂度升级。因此, 本书提出以下研究假说:

假说7-1：进口投入品的前向溢出会显著促进企业出口技术复杂度的提高。

从进口投入品的后向溢出来看，首先，当下游行业不选择国内投入品供应商，转而从国外进口生产所需的中间品和资本品时，就会与国内上游供应商之间产生进口竞争关系。市场竞争效应可能会降低企业的市场份额、利润水平和企业规模，产生"熊彼特效应"。同时，市场竞争效应也可能会倒逼企业提高研发投入，努力进行产品改进和技术创新，产生"逃避竞争效应"。下游行业进口投入品会对上游企业产生逆向学习效应，下游行业对外国投入品的使用，使得上游企业更容易接触外国投入品中的技术信息，降低上游企业的信息成本，提高技术模仿和研发的效率，进而提高其产品技术复杂度。且中国制造业企业距离世界技术前沿的天花板仍然有一定距离，企业技术升级的空间很大，逆向学习效应更可能激发企业创新和技术升级，产生"逃避竞争效应"，促进企业技术复杂度提升。另外，下游行业进口投入品还会对上游企业产生配套升级效应。进口外国投入品意味着下游行业改变了原有的生产组合，当下游行业进口了更高技术水平的投入品，可能相应地也需要更高技术水平的国内投入品，上游企业可能会为了满足下游行业的需求，升级其产品结构和技术复杂度。因此，本书提出以下研究假设：

假说7-2：进口投入品的后向溢出可以显著促进企业出口技术复杂度的提升。

7.2 出口技术复杂度的测算

出口技术复杂度衡量了出口产品的横向升级，属于产品间的升级行为，本书在豪斯曼等（2007）的基础上使用中国大样本微观企业数据计算中国制造业企业出口技术复杂度数据。由于加工贸易企业存在"生产率悖论"（Dai et al.，2016），沿袭李俊青和苗二森（2018）的做法，本书剔除加工贸易出口样本，只使用一般贸易出口数据，计算中国制造业出口技术复杂度数据，可以较好地衡量中国制造业企业出口技术复杂度的变化。首先需要计算产品 k 的出口技术复杂度：

$$Prody_k = \sum_j \frac{y_{jk}/Y_j}{\sum_j (y_{jk}/Y_j)} \cdot gdp_j \qquad (7-8)$$

其中，k 表示海关 HS6 位码产品，y_{jk} 表示地区 j 出口产品 k 的一般贸易出口总额，Y_j 表示地区 j 的出口总额，权重 $(y_{jk}/Y_j)/\sum_j (y_{jk}/Y_j)$ 实际上就是地区 j 在出口产品 k 上的显性比较优势。gdp_j 是地区 j 的人均国内生产总值。接下来就是计算微观层面的企业出口技术复杂度：

$$ESI_i = \sum_k \left(\frac{x_{ik}}{x_i}\right) \cdot Prody_k \qquad (7-9)$$

其中，ESI_i 表示企业出口技术复杂度，x_{ik} 表示 i 企业产品 k 的一般贸易出口总额，x_i 表示 i 企业的一般贸易出口总额。则 ESI_i 就是通过企业出口份额加权的企业出口技术复杂度。式（7-9）中的 $Prody_k$ 是国家层面的出口产品技术复杂度，其由外部环境决定。从式（7-9）的结构来看，企业出口技术复杂度的变化有可能是由企业出口结构变化带来的，也有可能是由外部环境决定的产品技术复杂度变化带来的。本书沿袭周茂等（2019）的研究，选择使用固定年份的产品技术复杂度数据，这样本书计算的企业出口技术复杂度指标就完全代表了企业出口产品结构的变化。具体的计算方法如式（7-10）所示，其中 $Prody_k^{2000}$ 是 2000 年的出口产品技术复杂度。本书使用 ESI_i^{2000} 作为本书被解释变量的替换指标，在稳健性检验中进行进一步的研究。

$$ESI_i^{2000} = \sum_k \left(\frac{x_{jk}}{x_i} \right) \cdot Prody_k^{2000} \qquad (7-10)$$

根据上述计算方法，本书计算了中国制造业出口技术复杂度，将企业层面的出口技术复杂度按照企业出口额汇总到国家总体层面，并区分了东部地区和中西部地区的汇总结果，绘制了图 7 - 1。由图可知，在 2000 ~ 2007 年，中国制造业出口技术复杂度呈逐年上升趋势，且东部地区出口技术复杂度明显高于全国平均和中西部地区，这符合中国近年来经济快速发展的客观趋势。

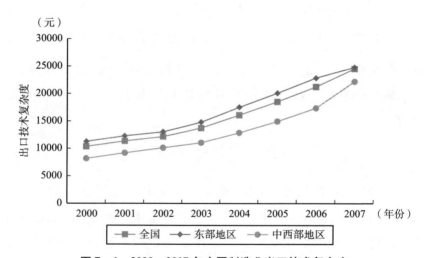

图 7 - 1　2000 ~ 2007 年中国制造业出口技术复杂度

资料来源：笔者根据海关数据计算结果绘制。

7.3　数据、指标和模型

本章主要使用三套数据。第一套数据是中国工业企业数据，沿袭聂辉华等（2012）、蔡和刘（Cai & Liu，2009）的研究对数据进行处理。第二套数据是中国海关贸易数据库，为了计算本书的被解释变量出口技术复杂度，本书对中国海关数据库做以下初步处理：第一，删除非制造业出口产品数据。第二，剔除关键信息缺失的样本。第三，删除贸易中间商样本。第三套数据是由国家统计局发布的中国投入产出表。本书将中国工业企业数据库中的企业行业、海关数据库中的进口企业所属行业和出口产品所属行业统一并且与投入产出表行业对齐。

文章借鉴一般研究的做法，设定如下实证研究模型：

$$\ln ESI_{it} = \alpha_0 + \alpha_1 imsp_{it} + \alpha_2 X_{it} + \vec{\varphi} + \varepsilon_{it} \qquad (7-11)$$

其中，被解释变量是前面计算得到的企业出口技术复杂度指标；解释变量即本书的进口投入品垂直溢出（计算方法见第 5 章），包括前向溢出（FL）和后向溢出（BL）；$\vec{\varphi}$ 是一系列的固定效应，主要包括个体效应、时间效应、地区效应和行业效应；ε_{it} 是随机误差项。

X_{it} 是一系列的控制变量，主要包括：企业进口（IM）。使用工业企业数据库与海关数据库匹配所得，若某企业进口外国投入品，则 IM = 1，否则 IM = 0。中间品进口与企业出口产品质量密切相关，许家云等（2017）的研究表明，进口中间品显著促进了企业出口产品质量的提高；劳动投入（lnL）使用企业的就业人数取对数衡量；资本投入（lnK）用企业资产总额取对数表示；工业中间投入（lninput）使用企业的工业中间投入取对数表示；企业人力资本水平（lnsalary）使用企业的人均工资取对数表示；所有制结构（ownership）是企业所有制的虚拟变量；地区生产总值（lnpergdp）是省份层面的人均 GDP 取对数；交通便利程度（lntrans）使用地区高速公路和铁路里程与面积的比值来衡量；外资进入程度（FDI）使用行业层面外资企业总产值与行业工业总产值的比值衡量。以上所有变量的描述性统计如表 7 – 1 所示。

表7-1 变量描述性统计

变量	(1)	(2)	(3)	(4)	(5)
	Obs	Mean	Std. dev.	Min	Max
lnESI	189634	9.793	0.343	8.087	10.955
FL	189634	0.053	0.041	0.003	0.317
BL	189634	0.061	0.098	0.000	0.601
IM	189634	0.547	0.498	0.000	1.000
ln$L$	189634	5.303	1.092	2.565	7.847
ln$K$	189634	8.950	1.666	4.440	12.900
ln$input$	189634	10.148	1.299	6.282	13.658
ln$salary$	189634	2.587	0.648	−5.203	6.922
$ownership$	189634	4.139	1.501	0.000	6.000
ln$pergdp$	189634	9.382	0.413	7.801	10.347
ln$trans$	189634	6.551	0.489	3.101	7.509
FDI	189634	0.360	0.148	0.017	0.947

7.4 实证研究

7.4.1 基准回归

根据式（7-11），本书研究了进口投入品垂直溢出对企业出口技术复杂度的影响，并首先进行了基准回归分析（见表7-2）。如表7-2的回归分析结果所示，列（1）和列（2）是前向溢出的回归结果，列（3）和列（4）是后向溢出的回归结果。

表 7 - 2 基准回归

变量	(1)	(2)	(3)	(4)
	前向溢出		后向溢出	
FL	1. 1314 *** (0. 053)	4. 8063 *** (0. 117)		
BL			0. 1171 *** (0. 015)	0. 8030 *** (0. 039)
IM		0. 0006 (0. 001)		0. 0003 (0. 001)
lnL		− 0. 0050 *** (0. 001)		− 0. 0061 *** (0. 001)
lnK		0. 0003 (0. 001)		− 0. 0007 (0. 001)
lninput		0. 0033 *** (0. 001)		0. 0058 *** (0. 001)
lnsalary		0. 0030 *** (0. 001)		0. 0026 ** (0. 001)
ownership		0. 0003 (0. 001)		0. 0007 (0. 001)
lnpergdp		0. 0000 *** (0. 000)		0. 0000 *** (0. 000)
lntrans		0. 0347 *** (0. 004)		0. 0438 *** (0. 004)
FDI		− 0. 1901 *** (0. 024)		0. 0126 (0. 024)
个体效应	Yes	Yes	Yes	Yes
年份效应	Yes	Yes	Yes	Yes
地区效应	No	Yes	No	Yes
行业效应	No	Yes	No	Yes
Observations	189634	188765	189634	188765
R - squared	0. 860	0. 864	0. 859	0. 861

注: ** 和 *** 分别表示 5% 和 1% 的显著性水平。

表7-2列（1）中仅加入了前向溢出变量，只控制了企业和年份固定效应，回归结果显示进口投入品的前向溢出显著促进了企业出口技术复杂度的提高。在列（2）中，本书加入了所有的控制变量且额外控制了地区和行业固定效应，回归结果显示进口投入品的前向溢出对企业出口技术复杂度的影响系数为4.8063，且在1%的水平上显著，这说明进口投入品前向溢出提高1个百分点，会促进出口技术复杂度提高4.80%。在列（3）中仅加入了后向溢出变量，且只控制了企业和年份固定效应，回归结果显示后向溢出显著促进了企业出口技术复杂度。在列（4）中，本书加入了所有的控制变量，且额外控制了地区和行业固定效应，回归结果显示后向溢出也显著促进了企业出口技术复杂度的提高，其系数为0.8030，即进口投入品后向溢出提高1个百分点会促进企业出口技术复杂度提高0.80%。这与前面的理论分析是一致的，说明进口外国投入品可以通过国内产业关联向产业链上下游企业产生正向溢出效应，促进国内企业出口技术复杂度提升，向价值链的高端攀升。由此可见，本书的实证结果验证了假说7-1和假说7-2。

7.4.2　稳健性检验

（1）更换自变量的测度方式。

基准回归中使用的解释变量是由行业进口投入品与行业总产出的比值计算得到的垂直溢出指标。本部分使用由进口投入品总额计算得到的垂直溢出取对数作为解释变量的替代变量进行回归分析（见表7-3）。表7-3回归结果显示，在使用了新的替代变量及控制了相应的控制变量和固定效应后，不管是进口投入品的前向溢出还是后向溢出均显著促进了企业出口技术复杂度的增长。

（2）更换被解释变量的测度方式。

基准回归分析中被解释变量为企业出口技术复杂度指标，包含了由外部经济发展决定的产品技术复杂度。实际上，企业出口技术复杂度的主要方面应该是反映企业自身技术升级和产品结构调整的结果。本部分选择了以 2000 年产品技术复杂度加权的企业出口技术复杂度作为被解释变量进行回归分析。在表 7 - 3 的列（3）和列（4）中，本书的回归结果显示，进口投入品的前向溢出和后向溢出均显著促进了企业出口技术复杂度的提高，这进一步说明了本书结论的稳健性。

表 7 - 3 　　　　　　　　　　稳健性检验

变量	（1）	（2）	（3）	（4）
	更换解释变量的测度方式		更换被解释变量的测度方式	
FL	0.1253 *** (0.005)		0.1286 * (0.075)	
BL		0.1162 *** (0.004)		0.0867 *** (0.032)
控制变量	Yes	Yes	Yes	Yes
个体效应	Yes	Yes	Yes	Yes
年份效应	Yes	Yes	Yes	Yes
地区效应	Yes	Yes	Yes	Yes
行业效应	Yes	Yes	Yes	Yes
Observations	188765	188765	188765	188765
R - squared	0.862	0.862	0.879	0.879

注：* 和 *** 分别表示 10% 和 1% 的显著性水平。

7.4.3　内生性处理

由于本书的被解释变量是企业层面的变量，而解释变量是行业层面变量，且是由其他行业（上游或下游）的进口行为决定的，因此，本书认为存在双向因果的可能性也不大。总体来看，本书的研究可能并不存在严重的内生性问题，但是为了严谨起见，本书将对内生性问题进行进一步的处理。

本书在这里选择使用两阶段最小二乘估计来排除潜在的内生性问题，主要借鉴了张杰和郑文平（2017）的研究，使用全球供给因素（WES）作为进口的工具变量。在当前世界贸易格局下，一国可以进口的中间品取决于全球其他国家的供给能力，尤其是本书的自变量是行业层面的进口，与全球供给能力更加密切相关，但是其他国家的供给能力并不会直接影响本国企业的出口技术复杂度。如果他国供给能力会与本国企业产生竞争关系，可能会影响本国企业出口，但这种影响可以通过行业固定效应进行剥离，以保证工具变量的外生性。行业层面的全球供给能力指标的计算公式见式（7 – 12）。

$$WES_{it} = \sum_{c} \sum_{p} w_{cpt2000} \cdot WES_{cpt} \qquad (7-12)$$

其中，WES_{it} 表示行业 i 在 t 年面对的全球投入品供给能力；WES_{cpt} 表示国家 c 在 t 年向所有非中国的国家出口的产品 p（HS6 位码）的供应量，该数据来自 BACI 世界双边贸易数据库；$w_{cpt2000}$ 是加权权重，它表示行业 i 在 2000 年从 c 国进口的产品 p 的进口总额占行业总进口的比重。这里使用 2000 年的数据作为加权权重，是为了尽可能消除行业进口量受国际供给能力波动的影响，从而控制了全球供给能力变化对企业出口的影响，较好地保证了工具变量的外生性。本书在式（7-12）的基础上计算了行业层面的供给能力后，需要结合行业投入产出表计算出其相应的前向溢出和后向溢出指标。

两阶段最小二乘估计的结果呈现如表7-4所示，在列（1）和列（3）中，本书使用的是以进口总额占比与直接消耗系数加权的自变量，结果表明进口投入品前向溢出和后向溢出对企业出口技术复杂度的影响系数为3.1551和1.3888，且均显著。列（2）和列（4）中使用的是以进口总额加权之后取对数的自变量，回归结果显示前向溢出和后向溢出对企业出口技术复杂度的影响系数分别为0.0892和0.2449，且在1%的水平上显著。总体来看，处理内生性后的回归结果与前面基准回归结果保持一致，再次验证了本书的假说7-1和假说7-2。

表7-4 两阶段最小二乘估计

变量	（1）	（2）	（3）	（4）
	前向溢出		后向溢出	
FL	3.1551 *** (0.486)	0.0892 *** (0.014)		
BL			1.3888 *** (0.226)	0.2449 *** (0.041)
控制变量	Yes	Yes	Yes	Yes
个体效应	Yes	Yes	Yes	Yes
年份效应	Yes	Yes	Yes	Yes
地区效应	Yes	Yes	Yes	Yes
行业效应	Yes	Yes	Yes	Yes

续表

变量	(1)	(2)	(3)	(4)
	前向溢出		后向溢出	
Observations	188765	188765	188765	188765
Kleibergen – Paaprk Wald Fstatistic	2100.158	6442.741	1118.672	430.913

注：***表示1%的显著性水平。

7.4.4 异质性分析

（1）不同进口贸易方式的异质性。

对样本进行异质性分析是厘清解释变量对被解释变量影响机制的重要渠道。在这里，本书首先关注的是进口贸易方式的异质性（见表7-5），列（1）和列（2）是关于进口贸易方式的异质性分类回归结果。本书将一般贸易进口（nor）和加工贸易进口（pro）分开，分别计算其前向溢出和后向溢出指标。从前向溢出来看，不管是通过一般贸易进口还是加工贸易进口的外国投入品，都显著促进了企业出口技术复杂度的增长。其中，一般贸易进口和加工贸易进口前向溢出的回归系数分别为4.5452和5.3218。

从后向溢出的回归结果来看，一般贸易进口投入品的后向溢出抑制了企业出口技术复杂度的提升，其影响系数为 − 0.3801，且在5%的水平上显著。而加工贸易进口投入品的后向溢出显著促进了企业出口技术复杂度的提高，其系数为1.3437，且在1%的水平上显著。该回归结果与第5章和第6章结果基本一致，即下游行业通过一般贸易进口的投入品减少了上游企业的国内市场份额，带来了负面的市场竞争效应。而下游行业通过加工贸易进口的外国投入品带来了较大的逆向学习效应。

（2）不同进口来源国的异质性。

本书进一步按照进口来源将进口总额分成两个部分：来自 G7 国家的进口（g7）和非 G7 国家的进口（ng7），并分别计算了它们的前向溢出和后向溢出指标。G7 国家是当今世界上主要的几个发达国家，一般来说，从发达国家进口的产品质量和技术水平较高，从非发达国家进口的产品质量和技术水平较低。进口来源国差异的回归结果呈现如表 7-5 的列（3）和列（4）所示。首先，从列（3）的前向溢出来看，不管是来自发达国家的进口还是非发达国家的进口，都显著促进了企业出口技术复杂度的提高。由于来自发达国家的投入品具有较高知识和技术含量，这些知识和技术信息可以通过产业链向下游传播，进而提高下游企业的技术水平，促进了企业的出口产品结构升级；而来自非发达国家的进口投入品往往是由于成本较低，这样可以扩大企业的留存利润，为技术的研发和创新提供资本，进而提高企业出口技术复杂度。

从列（4）的后向溢出回归结果来看，来自发达国家的进口对企业出口技术复杂度影响不显著，但是来自非发达国家的进口对企业出口复杂度的影响显著为正。可能的原因在于，虽然从发达国家进口的产品技术含量较大，但是企业对技术的学习具有一定的门槛，只有处在技术前沿的企业才可以有效利用来自 G7 国家的进口技术。另外，来自 G7 国家的进口产品可能带来较大的市场竞争效应的负面效应，因为出口技术复杂度衡量了一种产品的技术和结构升级，而 G7 国家的产品技术水平较高，恰好处在中国企业产品升级的"路径"之上，市场竞争效应的负面冲击和逆向技术学习效应相互抵消，导致最终影响并不显著。而来自非 G7 国家的进口产品，同样可以产生一定的逆向学习效应，而且可以促进企业良性竞争，产生"逃避竞争"效应。

面对发展中国家进口产品的竞争，中国企业可以选择升级自身产品结构和产品技术复杂度进而有效"逃避竞争"，进而促进了企业出口技术复杂度的提高。

表 7 - 5   异质性分析一

变量	(1)	(2)	(3)	(4)
	不同进口贸易方式的异质性		不同进口来源国的异质性	
FL_nor	4.5452 *** (0.139)			
FL_pro	5.3218 *** (0.156)			
BL_nor		−0.3801 ** (0.150)		
BL_pro		1.3437 *** (0.074)		
FL_g7			5.0517 *** (0.165)	
FL_ng7			4.6202 *** (0.163)	
BL_g7				−0.1179 (0.105)
BL_ng7				1.6409 *** (0.094)
个体效应	Yes	Yes	Yes	Yes
年份效应	Yes	Yes	Yes	Yes
地区效应	Yes	Yes	Yes	Yes
行业效应	Yes	Yes	Yes	Yes
Observations	188765	188765	188765	188765
R - squared	0.864	0.861	0.864	0.862

注：***表示1%的显著性水平。

（3）企业所有制异质性。

除进口贸易方式以及进口来源国的差异之外，本书额外关注企业所有制带来的异质性。一般来说，私有企业和外资企业的管理和研发效率更高，而国有企业的经营效率较低。在这里，本书分别将国有资本和集体资本占总资本比重大于 50% 的企业设定为国有企业，并将国有企业的虚拟变量和国有企业与解释变量的交互引入回归模型中。回归结果呈现于表 7-6。在列（1）和列（2）中，前向溢出和后向溢出对企业出口技术复杂度的影响均显著为正，而交互项 $FL *$ 国有企业和 $BL *$ 国有企业的回归系数分别为 -0.2701 和 -0.1102，这说明相对于私营企业和外资企业而言，国有企业受到的促进作用较小，这符合本书的预期。

表 7-6　　　　　　　　　　异质性分析二

变量	（1）	（2）	（3）	（4）
	企业所有制异质性		分地区异质性	
FL	4.8333 *** (0.117)			
$FL *$ 国有企业	-0.2701 *** (0.071)			
BL		0.8232 *** (0.039)		
$BL *$ 国有企业		-0.1102 *** (0.027)		
FL			2.9020 *** (0.189)	
$FL *$ 东部地区			2.1108 *** (0.164)	
BL				0.2732 *** (0.081)
$BL *$ 东部地区				0.5877 *** (0.079)
控制变量	Yes	Yes	Yes	Yes
个体效应	Yes	Yes	Yes	Yes
年份效应	Yes	Yes	Yes	Yes

变量	（1）	（2）	（3）	（4）
	企业所有制异质性		分地区异质性	
地区效应	Yes	Yes	Yes	Yes
行业效应	Yes	Yes	Yes	Yes
Observations	188765	188765	188765	188765
R－squared	0.864	0.861	0.865	0.862

注：***表示1%的显著性水平。

（4）分地区异质性。

各地区经济发展水平、地理区位不同，其地区融入国内价值链的程度也会产生差异，进而会影响企业进出口强度，本书进一步关注进口投入品对企业出口产品技术复杂度影响的分地区异质性，回归结果呈现于表 7-6。从回归结果来看，进口投入品的垂直溢出可以显著促进东部地区和中西部地区企业的出口技术复杂度提高，而交互项 $FL*$ 东部地区和 $BL*$ 东部地区的系数分别为 2.1108 和 0.5877，且均在 1% 的水平上显著，这说明进口投入品垂直溢出对东部地区企业出口技术复杂度的促进作用较大。

7.5 溢出渠道研究

7.5.1 进口产品内嵌技术水平

中国企业要提升自己的出口产品结构及出口产品技术复杂度，关键在于提高自身的技术水平。对于发展中国家而言，自身技术水平较低，自主研发的困难较大，可以利用后发优势学习发达国家的先进技术（林毅夫，2005）。中国企业可通过进口外国先进的生产投入品获得其中的技术信息和管理经验，从而促进自身技术水平的提高。借鉴西冈和里波尔（Nishioka & Ripoll，2012）的研究，本书使用进口研发存量来衡量进口产品中蕴含的技术含量（计算方式见第 6 章），并将其与投入产出表相结合，计算进口产品内嵌研发存量的前向溢出和后向溢出水平。

将进口产品内嵌技术水平的垂直溢出对企业出口技术复杂度进行回归分析，可得回归结果呈现如表 7 - 7 所示。表中在列（1）和列（2）中只加入了自变量，且只控制了个体和年份效应，自变量的系数显著为正。在列（3）和列（4）中加入了所有的控制变量，并且额外控制了地区和行业固定效应。研究结果显示，进口产品内嵌技术水平的前向溢出和后向溢出系数分别为 0.1080 和 0.1134，且均在 1% 的水平上显著，即进口投入品内嵌技术水平的前向溢出和后向溢出均显著促进了企业出口技术复杂度的提高。这与本书的理论预期一致，说明技术溢出效应和逆向学习效应是进口投入品垂直溢出提高企业出口技术复杂度，促进企业出口产品结构升级的重要渠道。

表 7 - 7   溢出渠道研究：进口产品内嵌技术水平

变量	(1)	(2)	(3)	(4)
	前向溢出		后向溢出	
FL_spill	0.0240 *** (0.003)	0.1080 *** (0.006)		
BL_spill			0.0048 *** (0.001)	0.1134 *** (0.004)
控制变量	No	Yes	No	Yes

续表

变量	(1)	(2)	(3)	(4)
	前向溢出		后向溢出	
个体效应	Yes	Yes	Yes	Yes
年份效应	Yes	Yes	Yes	Yes
地区效应	No	Yes	No	Yes
行业效应	No	Yes	No	Yes
Observations	189634	188765	189623	188754
R – squared	0.859	0.861	0.859	0.861

注: ***表示1%的显著性水平。

7.5.2 进口产品质量

本书进一步关注进口产品质量的垂直溢出对企业出口技术复杂度的影响。从前向溢出来看，进口产品质量的提高可以通过质量提升效应促进下游企业出口。从后向溢出来看，进口产品质量提高可以通过逆向学习效应促进上游企业出口升级，也可以通过市场竞争的"熊彼特效应"和"逃避竞争效应"影响上游企业出口升级。

借鉴魏浩和林薛栋（2017）的方法计算行业层面的进口投入品质量（见第6章），并将计算所得的行业进口产品质量与投入产出表相结合得出进口产品质量的前向溢出和后向溢出，然后将其对出口技术复杂度进行回归，具体的回归结果呈现如表7-8所示。在列（1）和列（2）中只加入了自变量，且只控制了个体和年份效应，此时的回归结果是显著为正。在列（3）和列（4）中加入了所有的控制变量，并且额外控制了地区和行业固定效应。研究结果显示，进口产品质量的前向溢出和后向溢出的系数分别为6.5895和1.0872，且均在1%的水平上显著，即进口产品质量的前向溢出和后向溢出均显著促进了企业出口技术复杂度的提高。这与本书的理论预期一致，进口投入品的质量提高可以通过前向溢出的质量提升效应促进下游企业出口技术复杂度升级，通过后向溢出的逆向学习效应和逃避竞争效应促进上游企业出口技术复杂度提升。

表 7 - 8   溢出渠道研究：进口产品质量

变量	（1）	（2）	（3）	（4）
	前向溢出		后向溢出	
$FL\_quality$	1. 8324 *** （0. 085）	6. 5895 *** （0. 184）		
$BL\_quality$			0. 2317 *** （0. 020）	1. 0872 *** （0. 043）
控制变量	No	Yes	No	Yes
个体效应	Yes	Yes	Yes	Yes
年份效应	Yes	Yes	Yes	Yes
地区效应	No	Yes	No	Yes
行业效应	No	Yes	No	Yes
Observations	189634	188765	189634	188765
R - squared	0. 860	0. 864	0. 860	0. 862

注：***表示1%的显著性水平。

7.6   进一步研究：国内制度环境的作用

进口投入品垂直溢出效应是基于国内产业链分工，依托畅通的国内产业链产生的。而国内产业链供应体系畅通的关键在于完善国内市场制度和畅通国内统一大市场。那么，国内制度环境对进口投入品垂

直溢出效应的产生应该有重要影响。为了研究这一作用，本书在基准
回归模型里，引入国内制度环境的作用：

$$ESI_{it} = \alpha_0 + \alpha_1 imsp_{it} + Zhidu_{it} + Zhidu_{it} \cdot imsp_{it} + \alpha_2 X_{it} + \vec{\varphi} + \varepsilon_{it}$$

$$(7-13)$$

其中，$Zhidu_{it}$ 是地区层面的制度变量，表示 i 企业所在地区 t 年的制
度环境。与张杰等（2010）的研究类似，本书使用下式来计算国内
制度变量：$Zhidu = market \times (1 - diseg)$。其中的 $market$ 是市场化程
度，使用中国市场化报告中的市场化指数来衡量；$diseg$ 表示地区市
场分割程度，使用价格指数法进行计算（陆铭和陈钊，2009）。

本书根据式（7-12）进行了回归分析（见表7-9），在列（1）
和列（3）中没有加入控制变量，在列（2）和列（4）中加入了所有
控制变量。从回归结果来看，制度环境改善可以促进企业出口技术复
杂度的提升。在加入了控制变量后，不管是前向溢出还是后向溢出的
直接项对企业出口技术复杂度的影响均仍然显著为正。从交互项系数
来看，前向溢出与制度环境的交互项 $FL * Zhidu$ 的系数为 1.1136，
后向溢出与制度环境的交互项 $BL * Zhidu$ 的系数为 0.7364，且均在
1% 的水平上显著。

以上结果符合本书的预期，这说明进口投入品垂直溢出对企业出
口技术复杂度的促进作用在地区制度环境较好的地方更大。从理论上
来说，企业的技术升级和技术创新行为具有较大的成本和不确定性，
只有良好的市场竞争环境和产权保护制度，企业才有技术创新的激
励。对于制度环境相对完善的地区，其制度不完全性对企业分工造成
的道德风险较小，进而促进那些比较依赖合约实施质量行业的中间品
供应商采用互补性更高的生产方式或者更为先进的技术进行生产
（张杰等，2010）。进口投入品垂直溢出的技术溢出效应和逆向学习
效应以国内不同行业和地区之间的生产关联为基础，市场一体化程度

的提高可以促进不同行业和地区之间企业的合作，这不仅可以扩大技术溢出的潜在收益，也可以降低企业技术创新的难度，进而促进企业出口技术复杂度的升级。

表 7-9   制度环境的作用

变量	（1）	（2）	（3）	（4）
	前向溢出		后向溢出	
FL	1. 1092 *** （0. 054）	5. 2025 *** （0. 128）		
FL * Zhidu	− 0. 1430 （0. 096）	1. 1136 *** （0. 102）		
BL			0. 1283 *** （0. 016）	1. 2988 *** （0. 048）
BL * Zhidu			0. 0940 ** （0. 039）	0. 7364 *** （0. 049）
Zhidu	0. 0895 *** （0. 014）	0. 0538 *** （0. 014）	0. 0919 *** （0. 014）	0. 0756 *** （0. 014）
控制变量	No	Yes	No	Yes
个体效应	Yes	Yes	Yes	Yes
年份效应	Yes	Yes	Yes	Yes
地区效应	Yes	Yes	Yes	Yes
行业效应	Yes	Yes	Yes	Yes
Observations	188424	187565	188424	187565
R - squared	0. 860	0. 864	0. 859	0. 861

注：**和***分别表示5%和1%的显著性水平。

7.7 本章小结

本章研究了进口投入品垂直溢出对企业出口技术复杂度的影响。第7.1节借鉴豪斯曼等（2007）的"成本发现"理论模型，分析了进口投入品垂直溢出对出口技术复杂度的影响，并提出了相应的研究假说。第7.2节计算了本文的企业出口技术复杂度指标，并进行了简单的描述性分析。第7.3节介绍了本章实证研究用到的数据、变量和模型。本章的实证研究主要发现以下结论：

第一，通过基准回归和稳健性检验，研究结果发现进口投入品的前向溢出和后向溢出均显著促进了企业出口技术复杂度的提高。其中，上游行业进口投入品份额提高1个百分点，会促进下游企业出口技术复杂度提高4.80%；下游行业进口投入品份额提高1个百分点会促进上游企业出口技术复杂度提高0.80%。

第二，关于进口贸易方式的异质性分析表明，通过一般贸易和加工贸易进口投入品的前向溢出对企业技术复杂度的影响均显著为正。一般贸易进口的后向溢出由于带来了较大的市场竞争效应的负面冲击对企业出口技术复杂度的影响显著为负，加工贸易进口的后向溢出对技术复杂度的影响显著为正。进口来源国的异质性分析表明，来自发达国家的产品进口的后向溢出对企业出口技术复杂度的影响不显著，而来自非发达国家的产品的后向溢出显著促进了企业出口技术复杂度的提高。通过企业所有制和分地区的异质性分析发现，非国有企业和东部地区的企业受到进口投入品垂直溢出的促进作用较大。

第三，本章考察了进口投入品垂直溢出的发生渠道。研究结果表明进口产品内嵌技术水平的前向溢出和后向溢出通过技术溢出效应和逆向学习效应促进了企业出口技术复杂度的提升。进口产品质量的前向溢出通过质量提升效应显著地促进了企业出口技术复杂度,进口产品质量的后向溢出通过逆向学习效应和逃避竞争效应促进了企业出口技术复杂度的提升。

第四,借鉴张杰等(2010)的研究,使用地区市场分割和市场化程度构造了地区制度环境变量,并在基准回归模型的基础上引入进口投入品垂直溢出与制度环境的交互变量。研究表明,不管是进口投入品的前向溢出还是后向溢出,其与制度环境的交互项对企业出口技术复杂度的影响均显著为正。这说明地区制度环境的改善扩大了进口投入品垂直溢出对企业出口复杂度的促进作用。

第 8 章　结论与展望

自 2018 年美国发动对华贸易战以来，如何"稳外贸""保外贸"以及促进外贸高质量发展，成为了社会各界关注和思考的热点。在进一步扩大进口和构建以国内大循环为主体，国内国际双循环相互促进的新发展格局背景下，本书通过理论与实证检验，研究了进口投入品通过国内产业关联对上下游企业出口升级的影响及作用机制。本章旨在总结前面得出的主要结论，并在此基础上为中国外贸高质量发展和双循环发展格局的构建提供政策启示，最后提出了本书研究存在的不足和未来改进的方向。

8.1　主要结论

8.1.1　进口投入品的典型特征事实

（1）从总体上来看（不区分行业），中国进口投入品总额增长速度较快，在 2000～2014 年间年平均增长率达到 16.7%。从产品来看，中国进口投入品的中间品份额占七成左右，最低的年份为 63%，最高则为 83%。从进口方式来看，一般贸易进口和加工贸易进口旗鼓相当，一般贸易进口份额最高达到 60%，最低则为 48%。从进口来源来看，中国进口投入品多元化程度在不断上升，中国从 G7 国家的进口投入品份额在 2002 年最高达到 42%，从 2002 年开始逐年降低，2014 年该比例只有 27%。

（2）从分行业直接进口投入品总额来看。在 2000~2014 年，28 个 CIC 2 分位制造业行业中只有纺织服装、鞋、帽制造业的直接进口投入品总额出现了下降，有 11 个行业的增幅达到 10 倍以上，14 个行业的直接进口投入品总额增长在 100 亿美元以上。增长最多的是通信设备、计算机及其他电子设备制造业，其直接进口投入品总额增加了 1875 亿美元。从技术水平来看，进口投入品总额增长最大的是低技术和高技术行业。从要素密集度来看，资本密集型行业的直接进口投入品增长最大。从进口产品结构来看，高技术行业和资本密集型行业对外国资本品的依赖较大。从贸易方式来看，低技术行业和资源密集型行业对加工贸易进口方式的依赖最小；中技术行业和高技术行业以及劳动密集型行业和资本密集型行业的加工贸易进口份额均在 55% 以上。其中，中等技术行业的加工贸易进口份额高达 75%。

（3）从行业进口投入品垂直溢出来看，所有制造业行业的进口投入品前向溢出和后向溢出均实现了正增长。从垂直溢出与其自身进口的比重来看，进口投入品的前向溢出对非金属矿物制造业影响最大，对石油加工、炼焦及核燃料加工业影响最小；进口投入品的后向溢出对非金属矿物制造业影响最大，对医药制造业影响最小。从不同行业所处产业链位置来看，进口投入品前向溢出对产业链末端行业影响最大，在 2014 年达到 2920 亿美元；进口投入品后向溢出对产业链前端行业影响最大，在 2014 年达到 2050 亿美元。

8.1.2　进口投入品垂直溢出对企业出口行为的影响

对进口投入品垂直溢出与企业出口行为（出口参与、出口集约边际和出口广延边际）之间关系的研究主要发现以下结论：

（1）进口投入品的前向溢出和后向溢出均显著促进了企业出口参与以及出口集约边际和出口广延边际的扩张。从出口参与来看，上游行业进口投入品份额（前向溢出）提高1%会促进出口概率增加0.46%；下游行业进口投入品份额提高（后向溢出）1%会促进出口概率增加0.26%。从出口集约边际和广延边际来看，上游行业进口投入品份额增加1个百分点会促进下游企业出口集约边际和广延边际增长5.04%和1.28%；下游行业进口投入品份额增加1个百分点会促进上游企业出口集约边际和广延边际增长0.60%和0.84%。

（2）通过进口贸易方式的异质性检验发现，一般贸易进口和加工贸易进口投入品的前向溢出均显著促进了企业出口增长，但是通过一般贸易进口投入品的后向溢出对企业出口增长没有促进作用，对出口集约边际的作用显著为负，其原因在于一般贸易进口带来的市场竞争效应的负面冲击较大。而加工贸易进口由于"为出口而进口"的特征，并不与上游行业产生直接的竞争关系，但同时却能带来较大的逆向学习效应，因此通过加工贸易进口投入品的后向溢出显著促进了企业出口。

（3）进口中间品和资本品的前向溢出以及进口中间品的后向溢出可以显著促进企业出口，但是进口资本品的后向溢出对企业出口没有显著影响。

（4）进口投入品的前向溢出和后向溢出均显著促进了企业生产率，说明进口投入品的垂直溢出通过提高企业生产率促进了企业出口。

8.1.3　进口投入品垂直溢出对企业出口产品质量升级的影响

对进口投入品垂直溢出与企业出口产品质量升级之间关系的研究主要发现以下结论：

（1）进口投入品的前向溢出显著促进了企业出口产品质量的提高，后向溢出显著降低了企业出口产品质量。平均来看，上游行业进口投入品份额（前向溢出）增加 1 个百分点会促进下游企业出口产品质量提高 0.25%，而下游行业进口投入品份额（后向溢出）增加 1 百分点会导致上游企业出口产品质量降低 0.09%，其原因在于后向溢出带来的市场竞争的负面冲击大于逆向学习效应的促进作用。

（2）对于进口贸易方式的异质性分析表明，通过一般贸易和加工贸易进口的投入品的前向溢出对产品质量的影响均显著为正。一般贸易进口的后向溢出对产品质量的影响显著为负，加工贸易进口的后向溢出对产品质量的影响显著为正，这说明进口投入品后向溢出对企业出口产品质量的负面冲击是由一般贸易进口带来的。前向溢出对非国有企业和东部地区企业的促进作用较大，而后向溢出对国有企业和中西部地区企业的负面作用较大。

（3）溢出渠道研究发现，进口产品中内嵌的技术水平和质量水平是进口投入品垂直溢出产生作用的重要渠道。其中，上游行业和下游行业进口投入品中内嵌的技术水平提高有助于企业出口产品质量升级，这表明进口投入品通过国内产业关联的垂直溢出产生的技术溢出效应和逆向学习效应促进了出口产品质量升级。上游行业进口投入品的产品质量提高可以促进企业出口产品质量升级，这说明进口投入品的前向溢出通过质量提升效应促进了出口产品质量升级。但是下游行业进口投入品的产品质量提高阻碍了企业出口产品质量提升，这说明进口产品质量的后向溢出带来的市场竞争效应的负面冲击大于其带来的逆向学习效应。

（4）对质量前沿距离的研究发现，进口投入品的前向溢出对与质量前沿距离较近和较远的企业的促进作用没有显著区别。进口投入品的后向溢出对与质量前沿距离较远的企业的影响显著为负，但是却可以显著促进与质量前沿距离较近的企业出口产品质量的提高，即进口投入品的后向溢出带来的市场竞争效应对初始产品质量较低的企业产生了"熊彼特效应"，对初始产品质量较高的企业产生了"逃避竞争效应"。

8.1.4　进口投入品垂直溢出对企业出口产品技术升级的影响

对进口投入品垂直溢出与企业出口技术复杂度升级之间关系的研究主要发现以下结论：

（1）进口投入品的前向溢出和后向溢出均显著促进了企业出口技术复杂度的提高。其中，上游行业进口投入品份额（前向溢出）提高 1 个百分点，会促进下游企业出口技术复杂度提高 4.80%；下游行业进口投入品份额（后向溢出）提高 1 个百分点，会促进上游企业出口技术复杂度提高 0.80%。

（2）关于进口贸易方式的异质性分析表明，通过一般贸易和加工贸易进口投入品的前向溢出对企业技术复杂度的影响均显著为正，而一般贸易进口的后向溢出对企业出口技术复杂度的影响显著为负，加工贸易进口的后向溢出对技术复杂度的影响显著为正。

（3）进口来源国的异质性分析表明，不管是来自发达国家还是非发达国家进口产品的前向溢出均显著促进了企业出口技术复杂度的提升。而来自发达国家进口产品的后向溢出对企业出口技术复杂度的影响不显著，来自非发达国家产品的后向溢出显著促进了企业出口技术复杂度的提高。

（4）通过企业所有制和分地区的异质性分析发现，相对于私营企业和外资企业而言，国有企业和中西部地区企业受到的促进作用较小。

（5）溢出渠道研究发现，进口产品中内嵌的技术水平和质量水平是进口投入品垂直溢出促进企业产品技术升级的重要渠道。不管是上游行业还是下游行业，其进口产品内嵌的技术水平和质量水平提高均显著促进了企业出口技术复杂度升级。

（6）进一步研究表明，制度环境正向调节了进口垂直溢出与企业出口技术复杂度的关系，即制度环境的改善扩大了进口投入品垂直溢出对企业出口技术复杂度的促进作用。

8.2 政 策 启 示

在本书的理论和经验研究基础上，不难得出以下政策启示：

第一，进一步推进高水平对外开放，我国政府应该与更多的国家建立贸易合作关系，支持多边贸易体制，推动世界贸易的自由化进程。我国自改革开放以来依靠参与全球价值链分工获得了经济的快速发展。历史的经验证明，与时俱进和对外开放会带来经济和整个社会的发展。进一步扩大对外开放，不仅可以让中国的企业和产品走出去，也能和更多国家开展经贸合作，进一步扩大中国在世界上的影响力和话语权。

第二，进一步降低进口关税，扩大对外国高技术和高质量投入品的进口，鼓励企业走出去，将外国产品带进来，给予企业进口产品上的政策倾斜和融资支持。进一步扩大进口是实现中国经济和外贸高质量发展的重要途径，尤其是通过进口外国高质量和高技术水平的投入品带动国内企业出口是学术界的共识，同时也是中国改革开放以来实现 GDP 和出口快速增长的重要方式。本书研究表明，进口投入品带来的收益可以在国内行业之间产生溢出效应，这进一步突出了扩大进口贸易对经济增长和外贸高质量发展的重要作用。

第三，完善国内统一大市场，打破地区市场分割，畅通国内产业链循环。本书的研究表明，从外国进口的中间品和资本品可以通过直接进口企业向非进口企业产生溢出效应，其关键就是国内产业链循环体系。上游行业进口投入品可以通过向下游企业提供国内中间品产生技术溢出效应，带动下游企业技术升级和出口升级。下游行业进口投入品可以对上游行业产生市场竞争效应，倒逼上游行业技术升级，同时也可以对上游企业产生逆向学习效应，降低上游企业技术模仿和创新的难度。由于地方政府之间存在竞争关系，中国国内市场长期存在地方保护主义，这阻碍了地区和行业之间的分工协调，阻碍了知识和人才的自由流动，降低了国内不同产业之间技术共享和技术协同创新的激励。在构建以国内大循环为主，国内国际双循环相互促进的新发展格局中，破除地方保护，完善国内统一大市场，畅通国内大循环是带动经济和外贸高质量发展的必由之路。

第四，完善制度建设，鼓励企业技术升级，用制度为企业技术创新保驾护航。本书的研究表明两点：其一是技术溢出和技术学习是影响企业出口升级的重要因素；其二是良好的制度环境可以扩大进口垂直溢出对企业出口技术复杂度的促进作用。技术创新是一项耗资巨大的工作，企业在做出决策时面对巨大的不确定性，即使是技术模仿的成本也是很多小企业无法承担的。如果没有良好的市场竞争环境，没有完善的产权保护制度，那么企业就缺乏技术升级的激励。因此，进一步完善国内市场制度建设，用良好的制度环境为企业技术升级和出口升级保驾护航是未来经济发展和经济政策改革的方向。

8.3 研究不足与展望

本书主要研究了进口投入品垂直溢出对企业出口升级的影响，但是囿于数据的限制和研究能力的不足，本书的研究还有一些不足之处有待改进：

（1）理论分析有待进一步深化。本书的理论分析是建立在既有理论基础之上，同时在实证章节部分，根据现有文献中既有的理论模型分析了潜在的影响机制。但是本书提出的影响机制是平行进行的，是孤立的。由于研究能力不足，本书无法将进口投入品垂直溢出和企业出口升级的各项指标统一在同一个理论框架之下，缺乏一个严谨的数理模型推导，这是未来研究改进的一个方向。

（2）实证研究数据有待进一步更新和精细化。为了计算进口投入品垂直溢出的指标，本书首先识别了海关数据中进口企业所属行业信息，但是这种识别无法做到非常精确，研究进口投入品垂直溢出的理想数据是企业间的交易数据，包括企业间的供应链关系和进出口数据。除此之外，本书研究的实证检验使用的时间周期是 2000~2007年，主要原因在于 2007 年之后的中国工业企业数据指标缺失较为严重，无法满足本书实证研究的标准。要解决以上两个问题，可能需要统计部门对数据的统计方面有一定的改进，这有利于未来经济学研究的进一步推进。

参 考 文 献

［1］陈勇兵，陈宇媚，周世民．贸易成本、企业出口动态与出口增长的二元边际：基于中国出口企业微观数据：2000—2005［J］.经济学（季刊），2012，11（4）：1477－1502.

［2］陈勇兵，仉荣，曹亮．中间品进口会促进企业生产率增长吗：基于中国企业微观数据的分析［J］.财贸经济，2012（3）：76－86.

［3］代中强．知识产权保护提高了出口技术复杂度吗？：来自中国省际层面的经验研究［J］.科学学研究，2014，32（12）：1846－1858.

［4］戴翔，金碚．产品内分工、制度质量与出口技术复杂度［J］.经济研究，2014，49（7）：4－17，43.

［5］戴翔，金碚．服务贸易进口技术含量与中国工业经济发展方式转变［J］.管理世界，2013（9）：21－31，54，187.

［6］邓国营，宋跃刚，吴耀国．中间品进口、制度环境与出口产品质量升级［J］.南方经济，2018（8）：84－106.

［7］高洪成，王琳．高中低技术产业范围界定标准探析［J］.科技进步与对策，2012，29（13）：46－48.

［8］谷克鉴，李晓静，崔旭．生产性投入进口与企业全要素生

产率：水平影响与垂直溢出［J］. 国际贸易问题，2020（10）：1 –
16.

［9］韩燕，钱春海. FDI 对我国工业部门经济增长影响的差异
性：基于要素密集度的行业分类研究［J］. 南开经济研究，2008（5）：
143 – 152.

［10］黄永明，张文洁. 出口复杂度的国外研究进展［J］. 国际
贸易问题，2012（3）：167 – 176.

［11］简泽，张涛，伏玉林. 进口自由化、竞争与本土企业的全
要素生产率：基于中国加入 WTO 的一个自然实验［J］. 经济研究，
2014，49（8）：120 – 132.

［12］江小敏，梁双陆，李宏兵. 进口产品质量的提升促进了我
国产业出口升级吗：基于产业关联视角的证据［J］. 国际经贸探索，
2020，36（7）：16 – 32.

［13］康志勇. 中间品进口与中国企业出口行为研究："扩展边
际"抑或"集约边际"［J］. 国际贸易问题，2015（9）：122 – 132.

［14］李方静. 中间产品进口与企业出口质量［J］. 世界经济研
究，2016（10）：76 – 88，136.

［15］李惠娟，蔡伟宏. 全球价值链嵌入对中国服务业出口技术
复杂度影响［J］. 国际贸易问题，2017（1）：70 – 80.

［16］李俊青，苗二森. 不完全契约条件下的知识产权保护与企
业出口技术复杂度［J］. 中国工业经济，2018（12）：115 – 133.

［17］李磊，冼国明，包群. "引进来"是否促进了"走出
去"？：外商投资对中国企业对外直接投资的影响［J］. 经济研究，
2018，53（3）：142 – 156.

［18］李小平，彭书舟，肖唯楚. 中间品进口种类扩张对企业出
口复杂度的影响［J］. 统计研究，2021，38（4）：45 – 57.

［19］梁小民，睢国余，刘伟，杨云龙．经济学大辞典［M］．北京：团结出版社，1994.

［20］林毅夫．后发优势与后发劣势：与杨小凯教授商榷［J］．经济学（季刊），2003（3）：989－1004.

［21］林正静．中间品贸易自由化与中国制造业企业出口产品质量升级［J］．国际经贸探索，2019，35（2）：32－53.

［22］刘斌，王乃嘉．制造业投入服务化与企业出口的二元边际：基于中国微观企业数据的经验研究［J］．中国工业经济，2016（9）：59－74.

［23］刘海洋，林令涛，高璐．进口中间品与出口产品质量升级：来自微观企业的证据［J］．国际贸易问题，2017（2）：39－49.

［24］刘会政，朱光．全球价值链嵌入对中国装备制造业出口技术复杂度的影响：基于进口中间品异质性的研究［J］．国际贸易问题，2019（8）：80－94.

［25］刘琳，盛斌．全球价值链和出口的国内技术复杂度：基于中国制造业行业数据的实证检验［J］．国际贸易问题，2017（3）：3－13.

［26］刘维林，李兰冰，刘玉海．全球价值链嵌入对中国出口技术复杂度的影响［J］．中国工业经济，2014（6）：83－95.

［27］鲁晓东，连玉君．中国工业企业全要素生产率估计：1999—2007［J］．经济学（季刊），2012，11（2）：541－558.

［28］吕越，陈帅，盛斌．嵌入全球价值链会导致中国制造的"低端锁定"吗？［J］．管理世界，2018，34（8）：11－29.

［29］马述忠，吴国杰．中间品进口、贸易类型与企业出口产品质量：基于中国企业微观数据的研究［J］．数量经济技术经济研究，2016，33（11）：77－93.

［30］毛其淋，盛斌．贸易自由化、企业异质性与出口动态：来自中国微观企业数据的证据［J］．管理世界，2013（3）：48 - 65，68，66 - 67.

［31］毛其淋，盛斌．贸易自由化与中国制造业企业出口行为："入世"是否促进了出口参与？［J］．经济学（刊），2014，13（2）：647 - 674.

［32］毛其淋，许家云．中间品贸易自由化、制度环境与生产率演化［J］．世界经济，2015，38（9）：80 - 106.

［33］聂辉华，江艇，杨汝岱．中国工业企业数据库的使用现状和潜在问题［J］．世界经济，2012，35（5）：142 - 158.

［34］齐俊妍，吕建辉．进口中间品对中国出口净技术复杂度的影响分析：基于不同技术水平中间品的视角［J］．财贸经济，2016（2）：114 - 126.

［35］钱学锋．企业异质性、贸易成本与中国出口增长的二元边际［J］．管理世界，2008（9）：48 - 56，66，187.

［36］钱学锋，王胜，黄云湖，王菊蓉．进口种类与中国制造业全要素生产率［J］．世界经济，2011，34（5）：3 - 25.

［37］钱学锋，熊平．中国出口增长的二元边际及其因素决定［J］．经济研究，2010，45（1）：65 - 79.

［38］邱斌，叶龙凤，孙少勤．参与全球生产网络对我国制造业价值链提升影响的实证研究：基于出口复杂度的分析［J］．中国工业经济，2012（1）：57 - 67.

［39］沈国兵，于欢．中国企业出口产品质量的提升：中间品进口抑或资本品进口［J］．世界经济研究，2019（12）：31 - 46，131 - 132.

［40］沈国兵，袁征宇．互联网化、创新保护与中国企业出口产

品质量提升 [J]. 世界经济, 2020, 43 (11): 127 – 151.

[41] 盛斌, 毛其淋. 进口贸易自由化是否影响了中国制造业出口技术复杂度 [J]. 世界经济, 2017, 40 (12): 52 – 75.

[42] 施炳展, 李建桐. 互联网是否促进了分工: 来自中国制造业企业的证据 [J]. 管理世界, 2020, 36 (4): 130 – 149.

[43] 施炳展, 邵文波. 中国企业出口产品质量测算及其决定因素: 培育出口竞争新优势的微观视角 [J]. 管理世界, 2014 (9): 90 – 106.

[44] 石小霞, 刘东. 中间品贸易自由化、技能结构与出口产品质量升级 [J]. 世界经济研究, 2019 (6): 82 – 94, 135 – 136.

[45] 宋跃刚, 郑磊. 中间品进口、自主创新与中国制造业企业出口产品质量升级 [J]. 世界经济研究, 2020 (11): 26 – 44, 135.

[46] 苏丹妮, 盛斌, 邵朝对. 产业集聚与企业出口产品质量升级 [J]. 中国工业经济, 2018 (11): 117 – 135.

[47] 苏丹妮, 盛斌, 邵朝对. 国内价值链、市场化程度与经济增长的溢出效应 [J]. 世界经济, 2019, 42 (10): 143 – 168.

[48] 苏东水. 产业经济学 [M]. 北京: 高等教育出版社, 2002.

[49] 孙浦阳, 蒋为, 陈惟. 外资自由化、技术距离与中国企业出口: 基于上下游产业关联视角 [J]. 管理世界, 2015 (11): 53 – 69.

[50] 唐宜红, 张鹏杨. 中国企业嵌入全球生产链的位置及变动机制研究 [J]. 管理世界, 2018, 34 (5): 28 – 46.

[51] 田巍, 余淼杰. 企业出口强度与进口中间品贸易自由化: 来自中国企业的实证研究 [J]. 管理世界, 2013 (1): 28 – 44.

[52] 王思语, 郑乐凯. 全球价值链嵌入特征对出口技术复杂度差异化的影响 [J]. 数量经济技术经济研究, 2019, 36 (5): 65 – 82.

［53］王永进，施炳展．上游垄断与中国企业产品质量升级
［J］．经济研究，2014，49（4）：116－129．

［54］魏浩，李翀，赵春明．中间品进口的来源地结构与中国企业生产率［J］．世界经济，2017，40（6）：48－71．

［55］魏浩，连慧君．来自美国的进口竞争与中国制造业企业就业［J］．财经研究，2020，46（8）：4－18．

［56］谢谦，刘维刚，张鹏杨．进口中间品内嵌技术与企业生产率［J］．管理世界，2021，37（2）：66－80，6，22－23．

［57］许和连，王海成．最低工资标准对企业出口产品质量的影响研究［J］．世界经济，2016，39（7）：73－96．

［58］杨连星，刘晓光．中国 OFDI 逆向技术溢出与出口技术复杂度提升［J］．财贸经济，2016（6）：97－112．

［59］杨汝岱，姚洋．有限赶超与经济增长［J］．经济研究，2008（8）：29－41，64．

［60］易靖韬，傅佳莎．企业生产率与出口：浙江省企业层面的证据［J］．世界经济，2011，34（5）：74－92．

［61］易靖韬．企业异质性、市场进入成本、技术溢出效应与出口参与决定［J］．经济研究，2009，44（9）：106－115．

［62］余娟娟．环境规制对行业出口技术复杂度的调整效应
［J］．中国人口·资源与环境，2015，25（8）：125－134．

［63］余淼杰，李晋．进口类型、行业差异化程度与企业生产率提升［J］．经济研究，2015，50（8）：85－97，113．

［64］余淼杰．中国的贸易自由化与制造业企业生产率［J］．经济研究，2010，45（12）：97－110．

［65］张峰，战相岑，殷西乐，黄玖立．进口竞争、服务型制造与企业绩效［J］．中国工业经济，2021（5）：133－151．

[66] 张杰. 金融抑制、融资约束与出口产品质量 [J]. 金融研究, 2015 (6)：64 – 79.

[67] 张杰. 进口对中国制造业企业专利活动的抑制效应研究 [J]. 中国工业经济, 2015 (7)：68 – 83.

[68] 张杰, 李勇, 刘志彪. 出口与中国本土企业生产率：基于江苏制造业企业的实证分析 [J]. 管理世界, 2008 (11)：50 – 64.

[69] 张杰, 李勇, 刘志彪. 制度对中国地区间出口差异的影响：来自中国省际层面 4 分位行业的经验证据 [J]. 世界经济, 2010, 33 (2)：83 – 103.

[70] 张杰, 翟福昕, 周晓艳. 政府补贴、市场竞争与出口产品质量 [J]. 数量经济技术经济研究, 2015, 32 (4)：71 – 87.

[71] 张杰, 郑文平, 陈志远. 进口与企业生产率：中国的经验证据 [J]. 经济学 (季刊), 2015, 14 (3)：1029 – 1052.

[72] 张杰, 郑文平, 陈志远, 王雨剑. 进口是否引致了出口：中国出口奇迹的微观解读 [J]. 世界经济, 2014, 37 (6)：3 – 26.

[73] 张杰, 郑文平. 全球价值链下中国本土企业的创新效应 [J]. 经济研究, 2017, 52 (3)：151 – 165.

[74] 赵伟, 赵金亮, 韩媛媛. 异质性、沉没成本与中国企业出口决定：来自中国微观企业的经验证据 [J]. 世界经济, 2011, 34 (4)：62 – 79.

[75] 赵勇, 白永秀. 知识溢出：一个文献综述 [J]. 经济研究, 2009, 44 (1)：144 – 156.

[76] 周记顺, 洪小羽. 进口中间品、进口资本品与企业出口复杂度 [J]. 国际贸易问题, 2021 (2)：48 – 62.

[77] 周茂, 李雨浓, 姚星, 陆毅. 人力资本扩张与中国城市制造业出口升级：来自高校扩招的证据 [J]. 管理世界, 2019, 35

（5）：64 – 77，198 – 199.

［78］周申. 贸易自由化对中国工业劳动需求弹性影响的经验研究［J］. 世界经济，2006（2）：31 – 40，95.

［79］祝树金，戢璇，傅晓岚. 出口品技术水平的决定性因素：来自跨国面板数据的证据［J］. 世界经济，2010，33（4）：28 – 46.

［80］Aghion P，Howitt P. A model of growth through creative destruction［J］. Econometrica，1992，60，323 – 351.

［81］Aghion P，NBloom，RBlundell，RGriffith，and PHowitt. Competition and Innovation：An Inverted – URelationship［J］. Quarterly Journal of Economics，2005，120（2）：701 – 728.

［82］Amiti M，Khandelwal A K. Import competition and quality upgrading［J］. Review of Economics and Statistics，2013，95（2）：476 – 490.

［83］Amiti M，Konings J. Trade liberalization，intermediate inputs，and productivity：Evidence from Indonesia［J］. American Economic Review，2007，97（5）：1611 – 1638.

［84］Antoniades A. Heterogeneous firms，quality，and trade［J］. Journal of International Economics，2015，95（2）：263 – 273.

［85］Arrow K. Economic welfareand the allocation of resources for invention［M］. The rate and direction of inventive activity：Economic and social factors. Princeton University Press，1962：609 – 626.

［86］Aw B Y，Chung S，Roberts M J. Productivity and turnover in the export market：micro-level evidence from the Republic of Korea and Taiwan（China）［J］. The World Bank Economic Review，2000，14（1）：65 – 90.

［87］Bai X，Hong S，Wang Y. Learning from processing trade：

Firm evidence from China ［J］. Journal of Comparative Economics，2021，49（2）：579 – 602.

［88］ Baldwin J，Yan B. The death of Canadian manufacturing plants：heterogeneous responses to changes in tariffs and real exchange rates ［J］. Review of World Economics，2011，147（1）：131 – 167.

［89］ Bas M. Input-trade liberalization and firm export decisions：Evidence from Argentina ［J］. Journal of Development Economics，2012，97（2）：481 – 493.

［90］ Bas M，Strauss – Kahn V. Does importing more inputs raise exports? Firm-level evidence from France ［J］. Review of World Economics，2014，150（2）：241 – 275.

［91］ Bas M，Strauss – Kahn V. Input-trade liberalization，export prices and quality upgrading ［J］. Journal of International Economics，2015，95（2）：250 – 262.

［92］ Bastos P，Silva J. The quality of a firm's exports：Where you export to matters ［J］. Journal of International Economics，2010，82（2）：99 – 111.

［93］ Bernard A B，Jensen J B，Schott P K. Survival of the best fit：Exposure to low-wage countries and the（uneven）growth of US manufacturing plants ［J］. Journal of international Economics，2006a，68（1）：219 – 237.

［94］ Bernard A B，Jensen J B，Schott P K. Trade costs，firms and productivity ［J］. Journal of monetary Economics，2006b，53（5）：917 – 937.

［95］ Bin X，Jiangyong L U. Foreign direct investment，processing trade，and the sophistication of China's exports ［J］. China Economic Review, 2009, 20 (3): 425 – 439.

[96] Bloom N, Draca M, Van Reenen J. Trade induced technical change? The impact of Chinese imports on innovation, IT and productivity [J]. The review of economic studies, 2016, 83 (1): 87 – 117.

[97] Brandt L, Morrow P M. Tariffs and the Organization of Trade in China [J]. Journal of International Economics, 2017, 104: 85 – 103.

[98] Brandt L, Van Biesebroeck J, Wang L, et al. WTO accession and performance of Chinese manufacturing firms [J]. American Economic Review, 2017, 107 (9): 2784 – 2820.

[99] Bustos P. Trade liberalization, exports, and technology upgrading: Evidence on the impact of MERCOSUR on Argentinian firms [J]. American economic review, 2011, 101 (1): 304 – 340.

[100] Cai H, Liu Q. Competition and corporate tax avoidance: Evidence from Chinese industrial firms [J]. The Economic Journal, 2009, 119 (537): 764 – 795.

[101] Castellani D, Fassio C. From new imported inputs to new exported products. Firm-level evidence from Sweden [J]. Research Policy, 2019, 48 (1): 322 – 338.

[102] Chevassus – Lozza E, Gaigné C, Le Mener L. Does input trade liberalization boost downstream firms' exports? Theory and firm-level evidence [J]. Journal of International Economics, 2013, 90 (2): 391 – 402.

[103] Clerides S K, Lach S, Tybout J R. Is learning by exporting important? Micro-dynamic evidence from Colombia, Mexico, and Morocco [J]. The quarterly journal of economics, 1998, 113 (3): 903 – 947.

[104] Coe D T, Helpman E. International r&d spillovers [J]. Eu-

ropean economic review, 1995, 39 (5): 859 – 887.

［105］Crozet M, Head K, Mayer T. Quality sorting and trade: Firm-level evidence for French wine ［J］. The Review of Economic Studies, 2012, 79 (2): 609 – 644.

［106］Dai M, Maitra M, Yu M. Unexceptional exporter performance in China? The role of processing trade ［J］. Journal of Development Economics, 2016, 121: 177 – 189.

［107］Defever F, Imbruno M, Kneller R. Trade liberalization, input intermediaries and firm productivity: Evidence from China ［J］. Journal of International Economics, 2020, 126: 103329.

［108］Dhyne E, Kikkawa A K, Mogstad M, et al. Trade and domestic production networks ［J］. The Review of Economic Studies, 2021, 88 (2): 643 – 668.

［109］Dinopoulos E, Unel B. A simple model of quality heterogeneity and international trade ［J］. Journal of Economic Dynamics and Control, 2013, 37 (1): 68 – 83.

［110］Ederington J, McCalman P. Endogenous firm heterogeneity and the dynamics of trade liberalization ［J］. Journal of International Economics, 2008, 74 (2): 422 – 440.

［111］Fajgelbaum P, Grossman G M, Helpman E. Income distribution, product quality, and international trade ［J］. Journal of political Economy, 2011, 119 (4): 721 – 765.

［112］Fan H, Lai E L C, Li Y A. Credit constraints, quality, and export prices: Theory and evidence from China ［J］. Journal of Comparative Economics, 2015, 43 (2): 390 – 416.

［113］Fan H, Lai E L C, Qi H S. Trade liberalization and firms' export performance in China: Theory and evidence [J]. Journal of Comparative Economics, 2019, 47 (3): 640 – 668.

[114] Fan H, Li Y A, Yeaple S R. On the relationship between quality and productivity: Evidence from China's accession to the WTO [J]. Journal of International Economics, 2018, 110: 28 – 49.

[115] Feng L, Li Z, Swenson D L. The connection between imported intermediate inputs and exports: Evidence from Chinese firms [J]. Journal of International Economics, 2016, 101: 86 – 101.

[116] Fernandes A M. Trade policy, trade volumes and plant-level productivity in Colombian manufacturing industries [J]. Journal of international economics, 2007, 71 (1): 52 – 71.

[117] Fiorini M, Sanfilippo M, Sundaram A. Trade liberalization, roads and firm productivity [J]. Journal of Development Economics, 2021, 153: 102712.

[118] Foster L, Haltiwanger J, Syverson C. Reallocation, firm turnover, and efficiency: Selection on productivity or profitability? [J]. American Economic Review, 2008, 98 (1): 394 – 425.

[119] Gervais A. Product quality and firm heterogeneity in international trade [J]. Canadian Journal of Economics/Revue canadienne d'économique, 2015, 48 (3): 1152 – 1174.

[120] Goldberg P K, Verboven F. The evolution of price dispersion in the European car market [J]. The Review of Economic Studies, 2001, 68 (4): 811 – 848.

[121] Grossman G M, Helpman E. Innovation and growth in the global economy [M]. MIT press, 1991.

[122] Hallak J C. Product Quality and the Direction of Trade [J].

Journal of International Economics, 2006, 68 (1): 238 - 265.

[123] Hallak J C, Schott P K. Estimating cross-country differences in product quality [J]. The Quarterly journal of economics, 2011, 126 (1): 417 - 474.

[124] Hallak J C, Sivadasan J. Product and process productivity: Implications for quality choice and conditional exporter premia [J]. Journal of International Economics, 2013, 91 (1): 53 - 67.

[125] Halpern L, Koren M, Szeidl A. Imported inputs and productivity [J]. American Economic Review, 2015, 105 (12): 3660 - 3703.

[126] Hansen J D, Nielsen J U M. Choice of technology, Firm heterogeneity, and Exports [J]. working paper, 2007.

[127] Hausmann R, Hwang J, Rodrik D. What you export matters [J]. Journal of economic growth, 2007, 12 (1): 1 - 25.

[128] Hausmann R, Rodrik D. Economic development as self-discovery [J]. Journal of development Economics, 2003, 72 (2): 603 - 633.

[129] Heckman J J. Sample selection bias as a specification error [J]. Econometrica: Journal of the econometric society, 1979: 153 - 161.

[130] Huang Q, Kim R. Capital structure decisions along the supply chain: Evidence from import competition [J]. Journal of international business studies, 2019, 50 (6): 873 - 894.

[131] Hummels D, Klenow P J. The variety and quality of a nation's exports [J]. American economic review, 2005, 95 (3): 704 - 723.

[132] Iacovone L. The better you are the stronger it makes you: Evi-

dence on the asymmetric impact of liberalization [J]. Journal of Development Economics, 2012, 99 (2): 474 –485.

[133] Jaffe A B, Trajtenberg M. Flows of knowledge from universities and federal laboratories: Modeling the flow of patent citations over time and across institutional and geographic boundaries [J]. proceedings of the National Academy of Sciences, 1996, 93 (23): 12671 – 12677.

[134] Johnson R C. Trade and prices with heterogeneous firms [J]. Journal of International Economics, 2012, 86 (1): 43 –56.

[135] Kasahara H, Rodrigue J. Does the use of imported intermediates increase productivity? Plant-level evidence [J]. Journal of development economics, 2008, 87 (1): 106 –118.

[136] Keller W. Trade and the Transmission of Technology [J]. Journal of Economic growth, 2002, 7 (1): 5 –24.

[137] Khandelwal A. The long and short (of) quality ladders [J]. The Review of Economic Studies, 2010, 77 (4): 1450 – 1476.

[138] Konings J, Vandenbussche H. Heterogeneous responses of firms to trade protection [J]. Journal of International Economics, 2008, 76 (2): 371 –383.

[139] Krugman P R. Increasing returns, monopolistic competition, and international trade [J]. Journal of international Economics, 1979, 9 (4): 469 –479.

[140] Krugman P. Scale economies, product differentiation, and the pattern of trade [J]. The American Economic Review, 1980, 70 (5): 950 –959.

[141] Lall S. The Technological structure and performance of developing country manufactured exports, 1985 – 1998 [J]. Oxford development

studies, 2000, 28 (3): 337 – 369.

[142] Lall S, Weiss J, Zhang J. The "sophistication" of exports: A new trade measure [J]. World development, 2006, 34 (2): 222 – 237.

[143] Leontief W. Input – Output Economics [J]. Operational Research Quarterly, 1951, 185 (4): 15 – 21.

[144] Linder S B. An essay on trade and transformation [M]. Stockholm: Almqvist & Wiksell, 1961.

[145] Ludema R D, Yu Z. Tariff pass-through, firm heterogeneity and product quality [J]. Journal of International Economics, 2016, 103: 234 – 249.

[146] MacDougall D. The benefits and costs of private investment from abroad: A theoretical approach [M] Studies in Political Economy. Palgrave Macmillan, London, 1975: 109 – 134.

[147] Madsen J B. Technology spillover through trade and TFP convergence: 135 years of evidence for the OECD countries [J]. Journal of international Economics, 2007, 72 (2): 464 – 480.

[148] Manova K, Zhang Z. Export prices across firms and destinations [J]. The Quarterly Journal of Economics, 2012, 127 (1): 379 – 436.

[149] Mazzi C T, Foster – McGregor N. Imported intermediates, technological capabilities and exports: Evidence from Brazilian firm-level data [J]. Research Policy, 2021, 50 (1): 104141.

[150] Melitz M J. The impact of trade on intra-industry reallocations and aggregate industry productivity [J]. Econometrica, 2003, 71 (6): 1695 – 1725.

［151］ Merlevede B，Michel B. Downstream offshoring and firm-level employment ［J］. Canadian Journal of Economics/Revue canadienne d'économique，2020，53（1）：249 –283.

［152］ Merlevede B，Theodorakopoulos A. Productivity effects of internationalisation through the domestic supply chain ［J］. Journal of Applied Econometrics，2021，36（6）：808 –832.

［153］ Michaely M. Trade，income levels，and dependence ［M］. Amsterdam：North – Holland，1984.

［154］ Mo J，Qiu L D，Zhang H，et al. What you import matters for productivity growth：Experience from Chinese manufacturing firms ［J］. Journal of Development Economics，2021，152：102677.

［155］ Namini J E，López R A. Random Versus Conscious Selection into Export Markets Theory and Empirical Evidence ［J］. Working Paper，2006.

［156］ Olper A，Pacca L，Curzi D. Trade，import competition and productivity growth in the food industry ［J］. Food Policy，2014，49：71 – 83.

［157］ Pavcnik N. Trade liberalization，exit，and productivity improvements：Evidence from Chilean plants ［J］. The Review of economic studies，2002，69（1）：245 –276.

［158］ Romer P M. Endogenous technological change ［J］. Journal of political Economy，1990，98（5，Part 2）：S71 –S102.

［159］ Schmitz Jr J A. What determines productivity? Lessons from the dramatic recovery of the US and Canadian iron ore industries following their early 1980s crisis ［J］. Journal of political Economy，2005，113（3）：582 –625.

[160] Schor A. Heterogeneous productivity response to tariff reduction. Evidence from Brazilian manufacturing firms [J]. Journal of Development Economics, 2004, 75 (2): 373 – 396.

[161] Schott P K. Across-product versus within-product specialization in international trade [J]. The Quarterly Journal of Economics, 2004, 119 (2): 647 – 678.

[162] Schumpeter, J. A. Capitalism, Socialism, and Democracy. New York: Harper and Brothers.

[163] Shu, P. , and C. Steinwender. The Impact of Trade Liberalization on Firm Productivity and Innovation [J]. Innovation Policy and the Economy, 2019, 19 (1): 39 – 68.

[164] Soderbery, A. Trade Elasticities, Heterogeneity, and Optimal Tariffs [J]. Journal of International Economics, 2018, 114: 44 – 62.

[165] Topalova P, Khandelwal A. Trade liberalization and firm productivity: The case of India [J]. Review of economics and statistics, 2011, 93 (3): 995 – 1009.

[166] Utar H, Ruiz L B T. International competition and industrial evolution: Evidence from the impact of Chinese competition on Mexican maquiladoras [J]. Journal of Development Economics, 2013, 105: 267 – 287.

[167] Verhoogen E A. Trade, quality upgrading, and wage inequality in the Mexican manufacturing sector [J]. The Quarterly Journal of Economics, 2008, 123 (2): 489 – 530.

[168] Wang C. Relative Economic and Technical Performance of Foreign and Local Firms in Chinese Industry [J]. Journal of Asian Busi-

ness, 2003, 19（2）: 55 – 68.

［169］Westerlund J, Wilhelmsson F. Estimating the gravity model without gravity using panel data［J］. Applied Economics, 2011, 43（6）: 641 – 649.

附　　录

附录 A　不同年份投入产出表行业对齐方式

由国家统计局发布的 2002 年投入产出表中共包含 71 个制造业行业，2007 年投入产出表中共包含 80 个制造业行业，2012 年投入产出表中共包含 82 个制造业行业。本书使用各年份的投入产出流量表，以 2002 年投入产出表为基准，将以上三张投入产出表的行业合并统一，统一后的行业分类即本书实证研究使用的行业分类，共包含 66 个制造业行业。行业对齐方式见表 A1。

表 A1　　　　　　　　不同年份投入产出表行业对照表

本书行业	2002 年行业	2007 年行业	2012 年行业
谷物磨制业	谷物磨制业	谷物磨制业	谷物磨制品
饲料加工业	饲料加工业	饲料加工业	饲料加工品
植物油加工业	植物油加工业	植物油加工业	植物油加工品
制糖业	制糖业	制糖业	糖及糖制品
屠宰及肉类加工业	屠宰及肉类加工业	屠宰及肉类加工业	屠宰及肉类加工品

续表

本书行业	2002 年行业	2007 年行业	2012 年行业
水产品加工业	水产品加工业	水产品加工业	水产加工品
其他食品加工和食品制造业	其他食品加工和食品制造业	其他食品加工业 方便食品制造业 液体乳及乳制品制造业 调味品、发酵制品制造业 其他食品制造业	蔬菜、水果、坚果和其他农副食品加工品 方便食品 乳制品 调味品、发酵制品 其他食品
酒精及饮料酒制造业	酒精及饮料酒制造业	酒精及酒的制造业	酒精和酒
其他饮料制造业	其他饮料制造业	软饮料及精制茶加工业	饮料和精制茶加工品
烟草制品业	烟草制品业	烟草制品业	烟草制品
棉、化纤纺织及印染精加工业	棉、化纤纺织及印染精加工业	棉、化纤纺织及印染精加工业	棉、化纤纺织及印染精加工品
毛纺织和染整精加工业	毛纺织和染整精加工业	毛纺织和染整精加工业	毛纺织及染整精加工品
麻纺织、丝绢纺织及精加工业	麻纺织、丝绢纺织及精加工业	麻纺织、丝绢纺织及精加工业	麻、丝绢纺织及加工品
纺织制成品制造业	纺织制成品制造业	纺织制成品制造业	纺织制成品
针织品、编织品及其制品制造业	针织品、编织品及其制品制造业	针织品、编织品及其制品制造业	针织或钩针编织及其制品
纺织服装、鞋、帽制造业	纺织服装、鞋、帽制造业	纺织服装、鞋、帽制造业	纺织服装服饰制鞋业
皮革、毛皮、羽毛（绒）及其制品业	皮革、毛皮、羽毛（绒）及其制品业	皮革、毛皮、羽毛（绒）及其制品业	皮革、毛皮、羽毛及其制品
木材加工及木、竹、藤、棕、草制品业	木材加工及木、竹、藤、棕、草制品业	木材加工及木、竹、藤、棕、草制品业	木材加工品和木、竹、藤、棕、草制品

续表

本书行业	2002 年行业	2007 年行业	2012 年行业
家具制造业	家具制造业	家具制造业	家具
造纸及纸制品业	造纸及纸制品业	造纸及纸制品业	造纸和纸制品
印刷业和记录媒介的复制业	印刷业和记录媒介的复制业	印刷业和记录媒介的复制业	印刷品和记录媒介复制品
文化及体育用品制造业	文化用品制造业 玩具体育娱乐用品制造业	文教体育用品制造业	文教、工美、体育和娱乐用品
石油及核燃料加工业	石油及核燃料加工业	石油及核燃料加工业	精炼石油和核燃料加工品
炼焦业	炼焦业	炼焦业	炼焦产品
基础化学原料制造业	基础化学原料制造业	基础化学原料制造业	基础化学原料
肥料制造业	肥料制造业	肥料制造业	肥料
农药制造业	农药制造业	农药制造业	农药
涂料、颜料、油墨及类似产品制造业	涂料、颜料、油墨及类似产品制造业	涂料、油墨、颜料及类似产品制造业	涂料、油墨、颜料及类似产品
合成材料制造业	合成材料制造业	合成材料制造业	合成材料
专用化学产品制造业	专用化学产品制造业	专用化学产品制造业	专用化学产品和炸药、火工、焰火产品
日用化学产品制造业	日用化学产品制造业	日用化学产品制造业	日用化学产品
医药制造业	医药制造业	医药制造业	医药制品
化学纤维制造业	化学纤维制造业	化学纤维制造业	化学纤维制品
橡胶制品业	橡胶制品业	橡胶制品业	橡胶制品
塑料制品业	塑料制品业	塑料制品业	塑料制品
水泥、石灰和石膏制造业	水泥、石灰和石膏制造业	水泥、石灰和石膏制造业 水泥及石膏制品制造业 砖瓦、石材及其他建筑材料制造业	水泥、石灰和石膏 石膏、水泥制品及类似制品 砖瓦、石材等建筑材料

本书行业	2002 年行业	2007 年行业	2012 年行业
玻璃及玻璃制品制造业	玻璃及玻璃制品制造业	玻璃及玻璃制品制造业	玻璃和玻璃制品
陶瓷制品制造业	陶瓷制品制造业	陶瓷制品制造业	陶瓷制品
耐火材料制品制造业	耐火材料制品制造业	耐火材料制品制造业	耐火材料制品
其他非金属矿物制品制造业	其他非金属矿物制品制造业	石墨及其他非金属矿物制品制造业	石墨及其他非金属矿物制品
钢铁业	炼铁业 炼钢业	炼铁业 炼钢业	钢、铁及其铸件
钢压延加工业	钢压延加工业	钢压延加工业	钢压延产品
铁合金冶炼业	铁合金冶炼业	铁合金冶炼业	铁合金产品
有色金属冶炼业	有色金属冶炼业	有色金属冶炼及合金制造业	有色金属及其合金和铸件
有色金属压延加工业	有色金属压延加工业	有色金属压延加工业	有色金属压延加工品
金属制品业	金属制品业	金属制品业	金属制品
锅炉及原动机制造业	锅炉及原动机制造业	锅炉及原动机制造业	锅炉及原动设备
金属加工机械制造业	金属加工机械制造业	金属加工机械制造业	金属加工机械
其他通用设备制造业	其他通用设备制造业	起重运输设备制造业 泵、阀门、压缩机及类似机械的制造业 其他通用设备制造业	物料搬运设备 泵、阀门、压缩机及类似机械 其他通用设备
农林牧渔专用机械制造业	农林牧渔专用机械制造业	农林牧渔专用机械制造业	农、林、牧、渔专用机械
其他专用设备制造业	其他专用设备制造业	其他专用设备制造业 矿山、冶金、建筑专用设备制造业 化工、木材、非金属加工专用设备制造业	采矿、冶金、建筑专用设备 化工、木材、非金属加工专用设备 其他专用设备

续表

本书行业	2002 年行业	2007 年行业	2012 年行业
铁路运输设备制造业	铁路运输设备制造业	铁路运输设备制造业	铁路运输和城市轨道交通设备
汽车及零部件制造业	汽车制造业 汽车零部件及配件制造业	汽车制造业	汽车整车 汽车零部件及配件
船舶及浮动装置制造业	船舶及浮动装置制造业	船舶及浮动装置制造业	船舶及相关装置
其他交通运输设备制造业	其他交通运输设备制造业	其他交通运输设备制造业	其他交通运输设备
电机制造业	电机制造业	电机制造业 输配电及控制设备制造业 电线、电缆、光缆及电工器材制造业	电机 输配电及控制设备 电线、电缆、光缆及电工器材 电池
家用器具制造业	家用器具制造业	家用电力和非电力器具制造业	家用器具
其他电气机械及器材制造业	其他电气机械及器材制造业	其他电气机械及器材制造业	其他电气机械和器材
通信设备制造业	通信设备制造业	通信设备制造业 雷达及广播设备制造业	通信设备 广播电视设备和雷达及配套设备
电子计算机及其他设备制造业	电子计算机整机制造业 其他电子计算机设备制造业	电子计算机制造业	计算机
电子元器件制造业	电子元器件制造业	电子元器件制造业	电子元器件
家用视听设备制造业	家用视听设备制造业	家用视听设备制造业	视听设备
其他通信、电子设备制造业	其他通信、电子设备制造业	其他电子设备制造业	其他电子设备

本书行业	2002 年行业	2007 年行业	2012 年行业
仪器仪表制造业	仪器仪表制造业	仪器仪表制造业	仪器仪表
文化、办公用机械制造业	文化、办公用机械制造业	文化、办公用机械制造业	文化、办公用机械
工艺品及其他制造业	工艺美术品制造业 其他工业	工艺品及其他制造业	其他制造产品

附录 B　国民经济行业分类（CIC）2 分位行业与本书行业对照

本书行业是以 2002 年投入产出表为基准合并统一得来的，其中既包括 CIC 2 分位行业也包括 CIC 3 分位行业。本书行业与 CIC 2 分位行业对照表见表 B1。

表 B1　　　　　　　**CIC 2 分位行业与本书行业对照表**

CIC 2 分位行业代码	CIC2 分位行业名称	本书行业
13	农副食品加工业	谷物磨制业 饲料加工业 植物油加工业 制糖业 屠宰及肉类加工业 水产品加工业
14	食品制造业	其他食品加工和食品制造业
15	饮料制造业	酒精及饮料酒制造业 其他饮料制造业

续表

CIC 2 分位 行业代码	CIC2 分位 行业名称	本书行业
16	烟草制品业	烟草制品业
17	纺织业	棉、化纤纺织及印染精加工业 毛纺织和染整精加工业 麻纺织、丝绢纺织及精加工业 纺织制成品制造业 针织品、编织品及其制品制造业
18	纺织服装、鞋、帽制造业	纺织服装、鞋、帽制造业
19	皮革、毛皮、羽毛（绒）及其制品业	皮革、毛皮、羽毛（绒）及其制品业
20	木材加工及木、竹、藤、棕、草制品业	木材加工及木、竹、藤、棕、草制品业
21	家具制造业	家具制造业
22	造纸及纸制品业	造纸及纸制品业
23	印刷业和记录媒介的复制	印刷业和记录媒介的复制业
24	文教体育用品制造业	文化及体育用品制造业
25	石油加工、炼焦及核燃料加工业	石油及核燃料加工业 炼焦业
26	化学原料及化学制品制造业	基础化学原料制造业 肥料制造业 农药制造业 涂料、颜料、油墨及类似产品制造业 合成材料制造业 专用化学产品制造业 日用化学产品制造业
27	医药制造业	医药制造业
28	化学纤维制造业	化学纤维制造业
29	橡胶制品业	橡胶制品业
30	塑料制品业	塑料制品业

续表

CIC 2 分位 行业代码	CIC2 分位 行业名称	本书行业
31	非金属矿物制品业	水泥、石灰和石膏制造业 玻璃及玻璃制品制造业 陶瓷制品制造业 耐火材料制品制造业 其他非金属矿物制品制造业
32	黑色金属冶炼及压延加工业	钢铁业 钢压延加工业 铁合金冶炼业
33	有色金属冶炼及压延加工业	有色金属冶炼业 有色金属压延加工业
34	金属制品业	金属制品业
35	通用设备制造业	锅炉及原动机制造业 金属加工机械制造业 其他通用设备制造业
36	专用设备制造业	农林牧渔专用机械制造业 其他专用设备制造业
37	交通运输设备制造业	铁路运输设备制造业 汽车及零部件制造业 船舶及浮动装置制造业 其他交通运输设备制造业
39	电气机械及器材制造业	电机制造业 家用器具制造业 其他电气机械及器材制造业
40	通信设备、计算机及其他电子设备制造业	通信设备制造业 电子计算机及其他设备制造业 电子元器件制造业 家用视听设备制造业 其他通信、电子设备制造业

续表

CIC 2 分位 行业代码	CIC2 分位 行业名称	本书行业
41	仪器仪表及文化、办公用机械制造业	仪器仪表制造业 文化、办公用机械制造业
42	工艺品及其他制造业	工艺品及其他制造业

附录 C 进口企业行业信息识别第四步关键词

本书第 4.2.2 章节识别进口企业的行业信息所使用的关键词见表 C1，此处识别出的行业即本书已经对齐统一 66 个制造业行业。

表 C1　　　　进口企业行业信息识别第四步的识别关键词

本书行业	识别关键词
谷物磨制业	碾米、谷物、磨粉
饲料加工业	饲料
植物油加工业	植物油
制糖业	制糖
屠宰及肉类加工业	屠宰、肉制品
水产品加工业	水产品、鱼糜、鱼油
其他食品加工和食品制造业	蔬菜、水果、坚果、淀粉、豆制品、蛋、烘焙、焙烤、糕点、面包、饼干、巧克力、蜜饯、方便面、速冻食品、乳制品、奶制品、罐头、调味品、发酵、味精、酱油、醋、保健品、营养品、代乳品、酵母、食品添加剂
酒精及饮料酒制造业	酒
其他饮料制造业	饮料、果汁、饮用水、矿泉水、茶

本书行业	识别关键词
烟草制品业	烟
棉、化纤纺织及印染精加工业	棉纺、棉织、印染
毛纺织和染整精加工业	毛条、毛纺、毛织、毛染
麻纺织、丝绢纺织及精加工业	亚麻、苎麻、麻纺、丝绢、绢纺、丝织、丝印
纺织制成品制造业	麻制品、毛制品、化纤制品、棉制品、绳、索、缆、棉线、纺织带、帘、无纺布、纺织制成品
针织品、编织品及其制品制造业	针织、编织
纺织服装、鞋、帽制造业	服装、服饰、制衣、鞋、帽、布鞋、休闲鞋
皮革、毛皮、羽毛（绒）及其制品业	革、鞣、皮制品、皮包、绒
木材加工及木、竹、藤、棕、草制品业	锯、木、胶合板、纤维板、刨花板、人造板、竹、藤、棕
家具制造业	家具
造纸及纸制品业	纸
印刷业和记录媒介的复制业	印刷、包装
文化及体育用品制造业	文具、笔、墨水、墨汁、体育、球、渔具、乐器
石油及核燃料加工业	石油、核燃料
炼焦业	炼焦
基础化学原料制造业	无机酸、无机盐、烧碱、纯碱、有机化学、无机化学
肥料制造业	肥料、氮肥、磷肥、钾肥、复合肥
农药制造业	农药
涂料、颜料、油墨及类似产品制造业	涂料、油墨、颜料、燃料、密封
合成材料制造业	合成材料、聚烯烃、热固性树脂、有机硅氟、功能高分子
专用化学产品制造业	试剂、助剂、脂肪酸、硬脂酸、硬化油、炸药、动物胶

续表

本书行业	识别关键词
日用化学产品制造业	肥皂、香料、洗涤剂、化妆品、牙膏、香精、火柴
医药制造业	药
化学纤维制造业	纤维、化纤
橡胶制品业	胎、橡胶
塑料制品业	塑料
水泥、石灰和石膏制造业	水泥、石灰、石膏、砼、砖、瓦、防水
玻璃及玻璃制品制造业	玻璃
陶瓷制品制造业	陶瓷
耐火材料制品制造业	石棉、云母、耐火
其他非金属矿物制品制造业	石墨、碳素、非金属矿物
钢铁业	炼铁、铸铁、炼钢
钢压延加工业	钢压延
铁合金冶炼业	铁合金
有色金属冶炼业	铜冶炼、铅冶炼、锌冶炼、镍冶炼、钴冶炼、锡冶炼、锑冶炼、铝冶炼、镁冶炼、金冶炼、银冶炼、钨冶炼、钼冶炼、冶金
有色金属压延加工业	有色金属压延加工
金属制品业	金属制品、五金、集装箱、金属门窗、金属工具、搪瓷、不锈钢、金属、刀、剪
锅炉及原动机制造业	锅炉、原动机、内燃机、汽轮机、辅机
金属加工机械制造业	加工机械、切削机、锻压设备、铸造机、金属切割、焊接、电焊
其他通用设备制造业	起重机、泵、阀门、压缩机、旋塞、动力机械、轴承、齿轮、烘炉、熔炉、电炉、风机、衡器、包装设备、风机、气体分离、液体分离、纯净设备、制冷、风动、电动工具、通用零部件、紧固件、弹簧、金属密封件、铸件、锻件

续表

本书行业	识别关键词
农林牧渔专用机械制造业	拖拉机、农机具、采伐机械、营林机械、畜牧机械、渔业机械
其他专用设备制造业	矿山设备、专用设备、建筑机械、模具、缝纫机、武器、弹药、医疗仪器、医疗器械、医疗设备
铁路运输设备制造业	铁路
汽车及零部件制造业	汽车、电车、客车、小轿车、汽车零件
船舶及浮动装置制造业	船、浮动设备
其他交通运输设备制造业	摩托车、自行车、航空、航天、飞机、潜水
电机制造业	发电机、电动机、微电机
家用器具制造业	冰箱、家用电器、空调、风扇、油烟机、洗衣机、吸尘器、日用电器
其他电气机械及器材制造业	变压器、整流器、电感器、电容器、开关、输配电、电线、电缆、光缆、光线、绝缘、电工、电池
通信设备制造业	传输、交换、通信
电子计算机及其他设备制造业	计算机、电脑
电子元器件制造业	电真空、半导体、集成电路
家用视听设备制造业	电视、录像、摄像、收音、录音
其他通信、电子设备制造业	雷达
仪器仪表制造业	仪器、自动控制、仪表、绘图、测量、实验、试验、环境监测、计数、导航、气象、钟表、计时、光学、眼镜
文化、办公用机械制造业	电影机械、幻灯、投影、照相、复印机、打字机、油印机、计算器、精密、精工
工艺品及其他制造业	工艺、雕塑、漆器、花画、地毯、挂毯、珠宝、首饰、制镜、鬃毛、清扫工具、伞、杂货